书信选二

弘一大师 著

中国画报出版社 · 北京

图书在版编目（CIP）数据

书信选．二／弘一大师著．-- 北京：中国画报出版社，2017.1
（弘一大师文集）
ISBN 978-7-5146-1383-4
Ⅰ．①书… Ⅱ．①弘… Ⅲ．①李叔同（1880-1942）-书信集 Ⅳ．①B949.92
中国版本图书馆 CIP 数据核字(2016)第 247148 号

书信选二　　弘一大师 著

出 版 人：于九涛
特别策划：吴红梅
责任编辑：于九涛　郭翠青
助理编辑：魏姗姗
封面篆章：朱广贺
责任印制：焦　洋
出版发行：中国画报出版社
（中国北京市海淀区车公庄西路 33 号　邮编：100048）
开　　本：32 开（787mm×1092mm）
印　　张：10
字　　数：132 千字
版　　次：2017 年 1 月第 1 版　2017 年 1 月第 1 次印刷
印　　刷：北京通州皇家印刷厂
定　　价：38.00 元
总编室兼传真：010-88417359　版权部：010-88417409
发行部：010-68469781　010-88417417（传真）

一

一九二四年八月十七日 温州庆福寺

顷奉来书，且谓为尊翁手笔；乃披阅首端，历述家父病状。昔知白民无父久矣，何缘说此？颇致惊诧。后续阅第二纸，突见署名者为贤女，乃悉尊翁病殁矣。绕屋长吁，悲痛不已。二十年来老友，当以尊翁最为亲厚。今晨览雁荡山图，喜其雄奇崒拔，颇拟写其形势，邮奉尊翁，约往同游。不意是夕，竟获哀耗，痛哉！

余于七日病湿热并胃疾，几濒于危。中秋后乃渐愈。自明日始，当力疾为尊翁诵经念佛，惟冀老友宿障消灭，往生人道天中，发菩提心，修持净行。当来往生极乐，早证菩提。尊翁故后，校事如何？

甚以为念

雪玖贤女哀览

演音疏答　八月十七日

致杨雪玖

杨雪玖，为杨白民之女，国画家。

一九二三年 温州庆福寺[①]

岁云暮矣，积阴凝寒。言念仁者，渺在天末。末由省展，惆怅何如？岁月不居，衰老自至。儿时知交，大半迁逝，墓门青车，巷口斜阳，人事无常，可为愁叹！惟有仁者，时相承问。辄深旧雨之想，每怀朝露之懔。余与仁交，垂三十年，相知以心，亲逾骨肉。入山以来，时且驰想。为忆仁者，滞情尘网，匪仰如来之慈力，宁脱忍域之苦轮。念佛一门，诚为津要矣。曩邮《印光法师文钞》，当达记室。幸以清暇，研味其趣。或有未达，毋遗下问。愿穷凡智，以酬来旨。附赍佛典一函，希垂省览，以自督励。流光迈驰，瞬息来世。幸宜及时努力，毋致当来忧悔。略写诚款，岂复委宣。

① 此信见《海潮音》月刊第五卷，一九二四年第五期所载，截去上下款及年月。

致李绍莲

李绍莲，一八七八～？，原名勋，天津人，与李叔同为同宗，曾结拜为兄弟，交情极笃。

物、事件、时间、地点、名词术语等内容。人物注释一般会注明其生年卒月、籍贯、身份，以及致书人与收件人之间的关联。无法考察即省略。

书中还有一些大师手迹照片，内容涉及文艺、佛学、历史事件、人物品评等。

通过三册书信选，大师的形象鲜活明晰，值得收藏阅读。

《书信选》（三册）出版说明

弘一大师《书信选》共选录大师和近百位亲人好友的信件654封，信件来源有1944年出版的《晚晴山房书简》第一辑、福建人民出版社的《弘一大师全集》书信卷。特别注意以原始材料为准，全文照录。尽量保持原件的风貌。比如，信件开头对收件人的称呼，信件内容的分段句读，信末署名标识的次序，句旁所加重点记号，以及手绘附图等，都按原样保留。有些明信片没有上款，也原样选入。明显笔误做了改动。

《书信选》编辑分三册，其中至俗家师友门生的信件为一、二册，出家后致僧侣的信件为三册。收录标准按照信的邮寄年月顺序，每位收件人的书札按照时间顺序排列，便于检索阅读。收件人为二人以上者，以署名在先者立目。收件人有生平可考的，做了简要介绍。编辑人员对大师发信的时间地点（主要为当时所在寺院）作了考证，在每封信前做了标注。收件人身份不详的从略。身份存疑的，有的加了注释。

书信注释放在信末。注释内容包括信件所涉及的人

目录

二

一九二四年八月 温州庆福寺

尊翁既逝，贤女宜日诵《地藏菩萨本愿经》（有正书局《功德经》皆有，价三角余）及《阿弥陀经》，并持阿弥陀佛名号，以报深恩。早晚诵发愿文三遍。

其文拟定如下：

以此诵经持名功德，回向亡父杨白民居士。

惟愿亡父业障消除，生人天上。

觉心普发，净业勤修，往生西方，早成佛道。

此文与前文义同，而文稍异，希参观之。

演音

致孙选青

孙选青，？～一九七二，浙江绍兴人。

浙江第一师范学生，曾受教于李叔同。

时任绍兴第五中学教员。

一

一九二五年二月十九日 温州庆福寺

省书，承仁精进修习，欢赞无尽。由解而信，始为真信之说，实与通途教义吻合，决非偏见。普陀光法师，承善导专修之旨，劝人一心念佛。然亦云，以研究大乘经论开元顿解为先导。良由众生根器不同，非可固执一法。应自量力，适宜而从可耳。研究经论者，先学《起信论》最为妥善。杨仁山居士力倡此说。尔后学者，多依此法，悉获莫大之利益。但欲穷研此论，至少须一年之力。万勿粗心浮气，期于速就。第一步，须先熟读论文，至背诵《十分通利》为止。既已背诵《十分通利》，乃可研习文义。若能请人讲解，尤为稳妥。仁者与蔡居士友善，可以乞彼荷任是事。随分随力讲解，未可固执谦逊。应先讲科会指要表解，后讲《贤首义记》应用书籍出版处及价目别写纸尾。每次宜讲少许。讲毕，须细心详阅。已前所讲者，亦须时时温习。此论义理精奥，前半尤难解。疏文虽不必背诵，然亦须记其大意。至于科文，最为切要，能背诵为善。宜自己将论科别录一表，如家谱式直写。

悬之座右，时时阅览。能助记忆之力。已上所述者，为近来各地诸居士及朽人等，一一亲身经验，认为最妥善最便捷之法。希仁者依而行之，必可开发慧解。因此法为众多之人所屡试屡验者，万无一失也。背诵经论，获益甚大。不可视为儿童之业。朽人能背诵者，已有十数种。又读诵论文，思惟义理，亦非仅限于伏案时。凡行、住、坐、卧，偶有寸暇，即可摄念为之。虽手未披卷，而文义了了，常在目前。犹如切事系心，即在造次，不妨密忆前事。若如是者，岂惟论义疾得了解，而无益之妄念亦可减少，诚修持之妙法也。

又研习佛书，应分专攻与泛阅二类。上记者属于专攻。若泛阅之书如《佛教初学课本》（金陵版，一角六分，此书甚赅备，积学之士，亦应常阅，非限于初学也），《竹窗三笔》（金陵版，五角四分），《法海观澜》（扬州版，可向上海功德林请四角一分），《选佛谱》（金陵版，三角八分）及净土诸书等，最为合宜。可随己意，选择阅览也。略述梗概，未能委备。

选青居士丈室

昙昉白答　二月十九日

一、《大乘起信论科会》徐文霨编，一册，商务书馆，二角五分。读诵论文，应依此本。

二、《大乘起信论科会指要表解合刊》一册，上海海宁路锡金公所内居士林，三角五分。

三、《大乘起信论义记讲义》四册，商务书馆，一元五角。

四、《起信论疏记会阅》十册，杭州昭庆经房，二元五角六分。书中圈、钩、绕，皆有脱落。宜补填。义记文义简奥，多有未易了解处。讲授者应参考此书。此会本，未尽善。于记文颇多删节，又复以私意改易。且厘会亦间有讹误。能检阅《频伽藏》中“笔削记”原本，弥善。

二

一九二五年四月十二日 温州庆福寺

城垣拆毁，改建公园，是间将益喧扰。不久移居乡村，远避嚣尘。旧存零杂之物至多，今无所用，亦不忍弃去，谨检出以贻仁者。并希分贻蔡、李诸居士，聊志遗念可耳。共四大包，又佛书一包。乞为分赠，以结善缘。内有《五

戒相经》一种，其“笺要”为明蕅益大师著。其后诸篇为拙述。签条未具，标写印工疏略耳。不宣

选青居士丈室

四月十二日　论月疏

三

一九二五年五月六日 温州庆福寺

昨承枉临，惠施食品多种，敬谢。前返庆福寺时，草草写奉一简，想达慧览。庆福及乡寺皆可居住。若公园未能十分进展，仍居庆福，殊为妥善。曩荷为谋别建寺院，盛意至可感。但自维德薄，不足当此。此非谦词，惧损福也。希从缓图为宜。不悉

选青居士

五月六日　演音疏

四

一九二七年十二月初二日 温州庆福寺

前承过访，以掩关谢客，故未能晤谈，至歉。后年朽人世寿五十，拟云游各地。仁者及蔡、李二居士[①]，于其时所在之地，朽人当往小作勾留，借可欢聚。希于阴历己巳年正月底，来函通告其所在之地，再商定一切也。承询所需，至用感谢。现今无有所需，后若有时，当以奉闻。朽人至温州后，各地师友，悉未通讯。蔡、李二居士，并乞代为致意。草草不具。

选青居士

论月疏　十二月初二日

五

一九二八年闰二月二十一日 温州伏虎庵

前奉函，计达慧览。兹送上拙书二十叶及石印拙书三份（乞以其二份分赠蔡、李二居士），并佛书多种，希

---

① 蔡、李二居士：蔡即蔡丏因，李即李鸿梁。时均任职绍兴第五中学。

受。佛书中有日文《佛教心理研究》，乞赠蔡居士。《楞严经科会》，乞赠李居士。又石印拙书《地藏菩萨本愿经见闻利益品》三十册，乞分赠友人。闻有上海专科师范毕业者数人在尊校授艺术科，乞各赠一册。今日下午，移居大罗山伏虎庵。以后惠函，仍寄庆福寺寂山老和尚转交。草草书此。

选青居士丈室

演音疏　闰月二十一日

六

一九二八年新六月六日 温州庆福寺

前日承荷惠临。今晨乃由寺中人告知。因朽人不晤宾客，彼等见有来访问者，皆依例谢绝也。承仁者关念一切，至感。移居之事，尚未决定。次星期日（新历六月十日）如仁者有暇，乞于上午八时三刻至九时半之间，到东山书院（在东山之下小学校之后面）楼上，与朽人晤谈。（因在寺中未能破谢客之例。故改在他处晤谈。风雨勿阻。）

选青居士丈室

演音疏　新六月六日

七

一九二八年九月二十四日 温州庆福寺

庆福近多经忏，不适于闭关用功。兹由道侣介绍往江心寺，房舍甚好，颇宜闭关，拟即谢绝诸缘，专心办道。（二十七日迁居）昔承仁者屡询所需，深用感谢。尔来如有余资，希惠施十元，以充移居后诸费。他日移居江心寺后，仍不晤宾客。倘承枉临江心寺，乞与唯德法师接洽为祷。前夏居士发起筑室之事，朽人已谆嘱，请于辛未年再筹办。明年后年暂维持现状。随意居处他所可也。知承注念，附以奉闻。不宣。

选青居士

九月二十四日　演音上

八

一九二八年十月二十二日 温州庆福寺

寄上拙书及《有部律》、《五戒相经》各一册。《有部律》为出家人所用者。今以赠仁者，聊为记念耳。此书为余所编辑《五戒相经笺要》，正文为明蕅益大师撰。其后所附补释等，亦余所编辑。二十六日即往上海。将来往福建否，尚未决定。草草奉陈。

选青居士

弘一上　十月二十二日

九

一九二九年八月二十四日　绍兴开元寺

屡荷厚贻，至用感愧。阅佛书法原稿，成于六年之前；今再检阅，多未适当。拟再重编，尚未得标准，须俟他年缓缓为之也。

今春居闽南时，曾编录《圆觉本起章》一卷（乞阅序文，即知大意），谨以奉赠。倘可流传，则至善矣。今人多不知“发菩提心”之意，此文最为详明美备。再版《护生画集》一册，并奉慧览。惠函今午收到，承代询问，至感。频行匆促，不及晤谈，草草不宣。

选青居士

胜臂疏　八月二十四日

致邓寒香

邓寒香，有说法认为这是周孟由居士的化名。

一九二五年闰四月二十二日 温州庆福寺

一

前承询已得菩萨戒之人，转变余生，忘失本念而破重戒者，为失戒否？今检羯磨文，释云：无作戒体，一发之后（无作释义，见《梵网经玄义》第三十五六页），永为佛种，纵令转生忘失，然既无退心犯重二缘，当知戒体仍在。文准此义而推之，应失戒也。（或退菩提心，或犯重，有一即失戒。）宋已前律宗诸宗诸师之著述，未有只字言及持咒者，后世律学衰减，而《毗尼日用》之书乃出。时人不察，竟以是为律学之网维，何异执瓦砾为珠玉也！逮及我灵峰大师，穷研律学，深谙时弊，力斥用偈咒者为非律学，并谓正法渐衰，末运不振，实基于此。其说甚当。无如当时学者，皆昧于律学，固守旧见，仍复以讹传讹。迄于今日，此风不息，是至可为痛心者也！灵峰之文，前曾呈奉仁者，乞为因弘略言其义。今值讲授《毗尼日用》之时，再检奉览。希与因弘详言之，俾他日不至随波逐流，为世俗知见所淆惑也。

又沙弥戒法中一则，亦同此义，并以奉览

乙丑闰四月二十二日　演音

二

前日获手书，回环披诵，至为欣慰。承询我执之义，略述如下：

- 二执
  - 我、法 → 执
    - 界内、分段生死 → 见思惑
      - 藏初果·通见地
      - 别初住·圆初信
      - 藏四果·通已办
      - 别七住·圆七信
      - → 断尽
    - 界外、变易生死 → 尘沙、无明 → 已下略

所谓我执者，即《圆觉》所云“妄认四大为自身相，六尘缘影为自心相”是也。《识论》卷一，言之甚详。请披寻《唯识心要》卷一第十七页至二十八页止。二十八页中灵峰述辞，至为精确，幸详味之。又依《大乘止观》中所云：“若断我执，须分别性中，止行成就。”请检《大乘心观释要》卷五第五、六、七页阅之。而《占察义疏》卷六第十七、十八页灵峰疏文，即依《大乘止观》会合。希彼此互参研寻，最易了解。此外，如《灵峰宗论》第二册中，亦常常言之，并望披览。

窃谓吾人办道，能伏我执，已甚不易，何况断除。故莲池大师云："当今之世，未有能证初果者。"夫初果，仅能断见惑，已不可得，遑论其他。彻悟禅师云："但断见惑，如断四十里流，况思惑乎？"故竖出三界，甚难甚难。若持名念佛，横出三界，校之竖出者，不亦省力乎？蕅益大师亦云："无始妄认有己，何尝实有己哉。或未顿悟，亦不必作意求悟。但专持净戒，求生净土，功深力到，现前当来，必悟无己之体。悟无己，即见佛，即成佛矣。"又云："倘不能真心信入，亦不必别起疑情。更不必错了承当。只深信持戒念佛，自然蓦地信去。"由是观之，吾人专修净业者，不必如彼禅教中人，专恃己力，作意求破我执。若一心念佛，获证三昧，我执自尔消除。较彼禅教中人专恃己力竖出三界者，其难易，奚啻天渊耶！若现身三昧未成，生品不高，当来见佛闻法时，见惑即断。但得见弥陀，何愁不开悟。《无量寿经》四十八愿中有云："设我得佛，国中天人，若起想念贪计身者，不取正觉。"诚言如此，所宜深信。但众生根器不一，有宜一门深入者，有应兼修他行者，所宜各自量度，未可妄效他人，随分随力，因病下药，庶乎其不差耳。余比来久疏教典，未暇一一检寻详委奉答。姑即所见，略述如是。

三

数日前得本月初五日书，即复一片，邮寄西门，想不得达。顷乃获诵六月杪书，欣悉一一。所论甚足，至可感佩。大乘之人，须发菩提心（心、佛、贪生三无差别）。依是自利利他，直至成佛，圆满菩提，乃可谓大乘人。至发心之后，处众处独，皆无不可。《天目中峰和尚语录》中，曾详言之。录其文如下：

或问古人得旨之后，或孤峰独宿，或垂手入廛，或兼擅化权，或单提正令，或子筹盈室，或不遇一人，或泯绝无闻，或声喧宇宙，或亲婴世难，或身染沉疴。虽同少室之门，而各蹈世间之路者，何也？幻[1]曰，言乎同者，同悟达磨，直指之真实自心也。言乎异者，异于各禀三世之幻缘业也。以报观之，非乐寂而孤峰独宿也，非爱

① 幻：中峰和尚，元代高僧，法名明本。所居曰幻住庵，故自称“幻”。

闹而入廛垂手也。擅化权而非涉异也，提正令而非专门也。虽弟子满门，非苟合也。虽形影相吊，非绝物也。其毕世无闻，非尚隐也。其声喧宇宙，非构显也。至若荣枯祸福，一本乎报缘。以金刚正眼视之，特不翅飞埃过目耳，安能动其爱憎取舍之念哉？所以龙门谓报缘虚幻，岂可强为？演祖谓“万般存此道，一味信前缘”，苟不有至理鉴之，则不能无惑于世相之浮沉也。《华严普贤行愿品》卷二十二载，善财童子，参德生童子，有德童女问，菩萨云何学菩萨行、修菩萨道？童子童女乃广赞亲近善知识之利益。善财童子又问，云何能于诸善知识法之中，速得圆满，速得清净，得不退失？答：须持菩萨戒及别解脱戒。若圆满头陀功德，能使二戒悉得清净，不失善法。继乃广赞十二头陀之行。

其圆满阿兰若一段，请仁者检阅之。“夫位近等觉，尚须乐于独处，住阿兰若。何可谓山居办道者，为小乘人？近来屡闻世人有此谬论，可痛慨也。至语小乘之人，决不说法利他者，亦非通论。小乘律本关（拣别之说）法有十条。（拣别如法不如法）又佛称弟子声闻众中，能教化有情令得圣果者，推迦留陀夷第一。律中具载彼度生之事有十三事，此外关于说法度生之事，小乘律中，屡屡见之。（比丘每日须入城市乞食。施者如请说法，随缘软化。）兹不具引。小乘所以异于大乘者，在发心趣偏真主涅槃耳，岂有他哉！永嘉禅师谓上乘之人，行上而修中下，二乘何咎而欲不修，宁知见爱尚存，去上乘而甚远。三受之状固然，称位乃俦菩萨。大乘之所不修，而复讥于小学。”以上摘录原文，在《永嘉集》第七章，又《万善同归集》，亦引此文。

吾人既归信佛法，皆应发大乘心，而随分随力，专学大乘。或兼学三乘，皆无不可。不必执定己之所修为是，而强人必从。以根器各异，缘业不同，万难强令一致也。

致崔海翔

崔海翔，生卒年不详，字祥鹍，安徽芜湖人，经营商业。

其弟祥鸿，字旻飞，为弘一法师在俗至友，曾长芜湖商业学校。弘一法师给他的书信已全部遗失，仅存致崔海翔二函。

一

一九二五年旧六月二十九日 温州庆福寺

海翔居士：

昨夕诵来书，惊悉旻飞居士谢世，不胜悲叹。临命终时，虽无显明生西之相，然神志清明，默念佛号，并梦见亡母及金银索，或已为极乐世界人矣。朽人于昨晚延请本寺僧众念阿弥陀佛普佛[①]一堂。昨适为一七日，因缘遇合之巧，诚不可思议。明午斋僧[②]。朽人自今日始诵《梵网经·菩萨戒本》四十九日（日诵一卷），并于秋凉后，写小幅阿弥陀名号四十八叶，邮致尊邑，分赠道侣。以是功德回向亡友旻飞，若未生西方者愿早往生，若已生者，愿增高位，聊以答复临终垂念之深情耳。令弟于弥留时，谆劝仁者学佛，实为最要之语。彼与仁者相处三十余年，亲爱之情，逾于寻常骨肉，故弥留时，谆谆以斯言相勖励，以作最后警策，真不啻一字一血。唯愿仁者痛念死别之赠，永久服膺而弗失。自今以后，笃信佛法，精进修持。虽

① 普佛：即动员全寺僧众在佛殿参加念佛的一种仪式。
② 斋僧：即丧主等为亡者，就寺中设斋供养僧众，以表谢意，谓之斋僧。

商业多忙，亦可觅暇念佛，每日应有定课。将来娑婆缘尽，往生西方，与母弟永为莲邦之净侣，何幸如之。仁者应于每日觅暇，为彼念佛，多少皆可。又须命彼妻子及诸眷每日尽力念佛，则亡者必获莫大之利益，如此即是真尽孝友之道。备述拙见，并奉慧览，殊未宣悉。

六月二十九日　昙昉疏答

二

一九二五年八月九日 温州庆福寺

海翔居士慧鉴：

初六日获诵来书，俱悉一一。于昨日敬延本寺僧众念佛一日，并乞老和尚[①]主法，随众念佛。老和尚为中兴本寺者，久不随众念佛，今特慈悲，允为主法，至可感激。朽人亦列末座，并鸣洪钟及斋僧众。其愿文为朽人手撰，别录奉览。先回向法界众生者，因缘广大普遍之愿，则亡者所获之利益大矣。仁者治丧，一切办法极善。朽人

① 老和尚：名寂山，温州庆福寺住持，为弘一法师依止阿阇黎（师）。

前本拟撰法铭，今欲改撰志铭传文，题曰崔孝子传。专记其一生之孝行，以劝亲念佛，得生净土，为大孝之大孝，并列佛经及莲池大师法语为证（法语别录一则奉览）。至其他事迹，悉皆删略，专举其孝行一端，以为后世之模范。俟脱稿后，当写一幅，以备刻石，竖于纪念室中。佛号四十八页已写竟。（附挂号，付邮奉上，希保存，有暇时，乞阅。）并寄上《印光法师文钞》一部，希于暇时披览。于目录中，以朱圈记之。凡应先阅者，作套圈◎，以事务多忙之人为合宜。其次阅者作单〇，其深文奥义或可以后阅者，则不记。乞披寻第一册中卷首之目录，即可一目了然。又《佛学撮要》《净业指南》《了凡四训》各一册，并乞检收。略复不具

八月九日　昙昉疏答

附：愿文一则　法语一则：

中华民国安徽省芜湖县弟子崔祥鹍，虔诚稽首十方三世三宝之前。今以亡弟祥鸿法名演默字旻飞，逝世将及七七之辰。敬舍资财，延请浙江省永嘉县庆福禅寺僧众，念佛诵阿弥陀佛名号

一日，并鸣钟及斋僧众。以此功德，回向法界一切众生，惟愿众生悉离苦趣，厚植善根，普发觉心，勤修净业，早生极乐，同证菩提。并愿亡弟祥鸿若未生西者，早生西方，若已生西方者，增高品位，速成佛道，广度众生。又愿弟子祥鹍业障消除，道念增长，现世永离众苦，临终决定生西，普与含灵，齐成正觉。恭维三宝，证盟摄受。

明莲池大师《竹窗随笔》中载出世间大孝二则。
兹先录一则奉览：

人子于父母，服劳奉养以安之，孝也；立身行道以显之，大孝也；劝以念佛法门，俾得生净土，大孝之大孝也。予生也晚，甫闻佛法，而风木之悲已至，痛极终天，虽欲追之，未由也已。奉告诸人，父母在堂，早劝念佛；父母亡日，课佛三年，孝子欲报劬劳之恩，不可不知此。

致朱稣典

朱稣典，生卒年不详，浙江绍兴人。擅油画。为李叔同任教浙江第一师范时的学生。

一

一九三九年旧九月十八日 永春普济寺

稣典居士文席：

惠书忻悉一一。承施纸笔，皆已受领，感谢无尽。《护生画集》今承仁者等为之尽力负责，如能获圆满成就，如斯殊胜功德，诸佛菩萨出广长舌赞莫能穷，一切世间天人等众皆大欢喜。诚为近今世界战云沉暗中，第一可欣可庆之事也。画集之资料，佛学书局出版之《物犹如是》(此四字即书名)，颇可参考。仁者倘以前未定阅《佛学半月刊》者，即乞定阅。有二种：一、佛学书局出版者；二、慕尔鸣路一百十一弄六号大法轮书局出版者，名曰《觉有情》，皆半月刊也。能将数年以来出版者，悉皆补购尤善。其中时有戒杀放生之文字，又能常常阅是刊物，借以重修佛法，亦殊胜之因缘也。画集之题句，能于编辑时即一一标出尤感。则将来可无须再托人撰题句也。新编画集共四册，画幅甚多。倘丰居士未能速即绘就，拟稍变通。第六集画百幅者，请丰居士独立任之。此外三集四集五集之画幅，

则乞仁者及转托诸善友合力作之。如是则延至明年岁暮，或可圆满绘就也。谨复 不宣

农历九月十八日　音疏答

二

一九四一年闰六月二十七日 永春普济寺

稣典居士文席：

续辑画集事，承仁者尽力辅助，至用忻感。斯事之功德利益甚大。务乞仁者主持其事，督促诸居士努力进行，并广托诸善友分认其事，以期早得圆满成就，感祷无量。朽人数年以来，体力如常，腰背足部胃口皆无异于少年。闽中产米缺乏，代以杂粮。以小麦大麦磨作粗粒，加入干蕃薯少许，做成麦羹，其味极佳，且适于卫生。又鲜蕃薯及干者，为南闽自昔以来常食之品，其价较米为廉也。

率陈 不宣

闰六月二十七日　音启

致丰子恺

丰子恺 一八九八～一九七五，又名子颉，浙江崇德人。十七岁就读于杭州浙江省立第一师范学校，时李叔同任该校音乐、美术教师，丰氏甚得李师器重。

一九一八年李叔同披剃出家，将其画具、画箱等用品分赠高年级习画学生，丰氏所得最多。

一九二七年九月丰氏生日，在上海江湾永义里立达学园宿舍，正式举行仪式从弘一法师皈依佛门，法名婴行。

一九二八年为祝弘一法师五十寿，丰氏绘成护生画五十幅，由弘一法师题字五十页，颜曰《护生画集》，后交由开明书店印行。

一

一九二六年五月 杭州招贤寺

（前略）音出月拟赴江西庐山金光明会参与道场，愿手写经文三百叶分送各施主。经文须用朱书，旧有朱色不敷应用，愿仁者集道侣数人，合赠英国制水彩颜料Vermilion数瓶。（中略）欲数人合赠者，俾多人得布施之福德也。

二

一九二八年四月十九日 温州庆福寺

前复一函，计达慧览。城垣拆毁过半，又复中止（因有人反对）。故寓楼之前，尚未有喧扰之虞。惟将来如何，未可预料耳。向承仁者及夏居士为谋建筑庵舍，似非所急（因太费事吃力）。朽意且俟他年缘缘堂建成，当依附而居。今后如无大变化可不移居，若有变化拟暂寄居他处，以待胜缘成就，诸希仁等酌之。

质平宿疾已愈否？甚念。温州产有一种土草药，名曰人字草，治劳伤吐血极灵。丁福保、俞凤宾二医士曾作文赞誉。今春聂氏家言曾载此事。便中乞询问质平，如彼决定信仰此药，愿服用者，希示知，当以邮奉。

李居士乞代致候。前答彼一信片，想已收到。《戒杀》画文字甚愿书写。又李居士所著《楞严经科解》（上次所寄信片中曾托以一册寄与鸿梁，彼近读《楞严》极有兴味），请再惠赐一册，寄至温州。邻居羽士数人，根器甚利，喜阅《禅宗语录》及《楞严经》等，今拟以此赠彼。甚感 不宣

子恺居士

四月十九日　演音疏

三

一九二八年旧八月十四日 温州庆福寺

初三日惠书，诵悉。兹条复如下：

△周居士动身已延期。网篮恐须稍迟，乃可带上。

△《佛教史迹》已收到。如立达仅存此一份，他日仍拟送还。

△护生画，拟请李居士（因李居士所见应与朽人同）等

选择。俟一切决定后，再寄来由朽人书写文字。

△不录《楞伽》等经文，李居士所见，与朽人同。

△画集虽应用中国纸印，但表纸仍不妨用西洋风之图案画，以二色或三色印之。至于用线穿订，拟用日本式。即是此种之式，系用线索结纽者。与中国佛经之穿订法不同。朽人之意，以为此书须多注重于未信佛法之新学家一方面，推广赠送。故表纸与装订，须极新颖警目。俾阅者一见表纸，即知其为新式之艺术品，非是陈旧式之劝善图画。倘表纸与寻常佛书相似，则彼等仅见《护生画集》之干条，或作寻常之佛书同视，而不再披阅其内容矣。故表纸与装订，倘能至极新颖美观夺目，则为此书之内容增光不小，可以引起阅者满足欢喜之兴味。内容用中国纸印，则乡间亦可照样翻刻。似与李居士之意，亦不相违。此事再乞商之。

△李居士属书签条，附写奉上。

△“不请友”三字之意即是如《华严经》云“非是众生请我发心，我自为众生作不请之友”之意。因寻常为他

帮忙者，应待他人请求，乃可为之。今发菩提心者，则不然。不待他人请求，自己发心，情愿为众生帮忙，代众生受苦等。友者，友人也。指自己愿为众生之友人。

△周孟由居士等，谆谆留朽人于今年仍居庆福寺。谓过一天，是一天，得过且过，云云。故朽人于今年下半年，拟不他往。俟明年至上海诸处时，再与仁者及丏翁等，商量筑室之事。现在似可缓议也。

△近病痢数日，已愈十之七八。惟胃肠衰弱，尚须缓缓调理，仍终日卧床耳。然不久必愈，乞勿悬念。承询需用，现在朽人零用之费，拟乞惠寄十元。又庆福寺贴补之费，今年五个月约二十元。此款再迟两个月寄来亦不妨。此款请旧友分任之。至于明年如何，俟后再酌。

△承李居士寄来《梵网经》、万钧氏书札，皆收到。谢谢。病起无力，草草复此。其余俟后再陈

子恺居士

八月十四日　演音上

四

一九二八年旧八月 温州庆福寺

前叠上二函一片，想悉收到。昨今又续成白话诗四首。

《夫妇》：

人伦有夫妇，家禽有牝牡。

双栖共和鸣，春风拂高柳。

盛世乐太平，民康而物阜。

万类咸喁喁，同浴仁恩厚。

按此诗虽不佳，而得温柔敦厚之旨。

以之冠首，颇为合宜。

《暗杀一》：

若谓青蝇污，挥扇可驱除。

岂必矜残杀，伤生而自娱。

《蚕的刑具》：

残杀百千命，完成一袭衣。

唯知求适体，岂毋伤仁慈。

《忏悔》：

人非圣贤，其孰无过。犹如素衣，著尘涴。

改过自新，若衣拭尘。一念慈心，天下归仁。

按此诗虽无佛教色彩，而实能包括佛法一切之教义。仁者当能知之。此外，唯有《母之羽》及《平和之歌》二首，尚未作。拟俟仁者画稿寄来，再观察画之形状，然后着笔，较为亲切也。

朽人已十数年未尝作诗，至于白话诗，向不能作。今勉强为之，初作时，稍觉吃力。以后即妙思泉涌，信手挥写，即可成就。其中颇有可观之作。是诚佛菩萨慈力冥加，匪可思议者矣。但念生死事大，无常迅速，俟此册画集写毕，即不再作文作诗及书写等。唯偶写佛菩萨名号及书签，以结善缘耳。

此画集中，题诗并书写，实为今生最后之纪念。而得与仁者之画及李居士之戒杀白话文合册刊行，亦可谓殊胜之因缘矣。但朽人作此白话诗事，乞勿与他人谈及。

五

一九二八年旧八月二十二日 温州庆福寺

今日午前挂号寄上一函及画稿一包，想已收到？

顷又做成白话诗数首，写录于左。

（一）《倘使羊识字》因前配之古诗，不贴切。故今改做。

倘使羊识字，泪珠落如雨。

口虽不能言，心中暗叫苦！

（二）《残废的美》

好花经摧折，曾无几日香。

憔悴剩残姿，明朝弃道旁。

（三）《喜庆的代价》原配一诗，专指庆寿而言。此则指喜事而言。故拟与原诗并存。共二首。或者仅用此一首，而将旧选者删去。因旧选者其意虽佳，而诗笔殊拙笨也。

喜气溢门楣，如何惨杀戮。

唯欲家人欢，那管畜生哭！

（四）原题为《悬梁》

日暖春风和，策杖游郊园。

双鸭泛清波，群鱼戏碧川。

为念世途险，欢乐何足言。

明朝落网罟，系颈陈市廛。

思彼刀砧苦，不觉悲泪潸。

按此原画，意味太简单，拟乞重画一幅。题名曰《今日与明朝》。将诗中双鸭泛清波，群鱼戏碧川之景，补入。与“系颈陈市廛”，相对照，共为一幅。则今日欢乐与明朝悲惨相对照，似较有意味。此虽是陈腐之老套头，今亦不妨采用也。俟画就时，乞与其他之画稿同时寄下。

再者，画稿中《母之羽》一幅，虽有意味，但画法似未能完全表明其意，终觉美中不足。倘仁者能再画一幅，较此为优者，则更善矣。如未能者，仍用此幅亦可。

前所编之画集次序，犹多未安之处。俟将来暇时，仍拟略为更动，俾臻完善。

子恺居士慧览

演音上　八月二十二日

此函写就将发，又得李居士书。彼谓画集出版后，拟赠送日本各处。朽意以为若赠送日本各处者，则此画集更须大加整顿。非再需半年以上之力，不能编纂完美。否则恐贻笑邻邦，殊未可也。但李居士急欲出版，有迫不及待之势。朽意以为如仅赠送国内之人阅览，则现在所编辑者，可以用得。若欲赠送日本各处，非再画十数叶，重新编辑不可。此事乞与李居士酌之。

再者，前画之《修罗》一幅即已经删去者，现在朽人思维，此画甚佳，不忍割爱，拟仍旧选入。与前画之《肉》一幅，接连编入。其标题，则谓为《修罗一》《修罗二》。即以《肉》为《修罗一》，以原题《修罗》者为《修罗二》。再将《失足》一幅删去。全集仍旧共计二十四幅。

附呈两纸，乞仁者阅览后，于便中面交李居士。稍迟亦无妨也。

二十三晨

六

一九二八年旧八月二十四日 温州庆福寺

新作者四首，写录奉览。

凄　音

小鸟在樊笼，悲鸣音惨凄。
恻恻断肠语，哀哀乞命词。
向人说困苦，可怜人不知：
犹谓是欢嬉，娱情尽日啼。

农夫与乳母

忆昔襁褓时，尝啜老牛乳。

年长食稻粱，赖尔耕作苦。

念此养育恩，何忍相忘汝！

西方之学者，倡人道主义。

不啖老牛肉，淡泊乐蔬食。

卓哉此美风，可以昭百世！

！！！

麟为仁兽，灵秀所钟，不践生草，不履生虫。系吾人类，应知其义，举足下足，常须留意，既勿故杀，亦勿误伤。长我慈心，存我天良。

附注：儿时读《毛诗·麟趾章》注云：

“麟为仁兽，不践生草，不履生虫。”

余讽其文，深为感叹。四十年来，未尝忘怀。今撰护生诗歌，引述其义。后之览者，幸共知所警惕焉。

我的腿

旧配之诗 移入《修罗二》

我的腿，善行走。将来不免入汝手，盐渍油烹佐春酒。

我欲乞哀怜，不能作人言。愿汝体恤猪命苦，再杀戮

与熬煎！

画集中《倒悬》一幅，拟乞改画。依原配之诗上二句，而作景物画一幅即是“秋来霜露……芥有孙”之二句。画题亦须改易。因原画之趣味，已数见不鲜，未能出色；不如改作为景物画，较优美有意味也。

再者，《刑场》与《平等》二幅，或可删，亦可留。乞仁等酌之。

八月二十四日　论月

七

一九二八年旧八月二十六日 温州庆福寺

子恺居士慧览：

将来排列之次序大约是：

（一）《夫妇》

（二）《芦菔生儿芥有孙》之画（按芦菔俗称萝卜）

（三）《沉溺》

（四）《凄音》等。

中间数幅，较前所定者，稍有变动。至《农夫与乳母》以下，悉仍旧也。

再者，《芦菔生儿芥有孙》之画乞仅依“秋来霜露满东园，芦菔生儿芥有孙”二句之意画之。至末句中鸡豚，乞勿画入。

以前数次寄与仁者之信函，乞作画或改题者，兹再汇记如下：

△增画者《忏悔》《平和之歌》共二幅。

△改画者《芦菔生儿芥有孙》之画旧题为《倒悬》，今乞改题，《今日与明朝》旧题为《悬梁》，《母之羽》共三幅。

△修改画题者《沉溺》原作《溺》，《凄音》原作《囚徒之歌》，《诱惑》原作《诱杀》，《修罗一》原作《肉》，《修罗二》原作《修罗》，共五处。

以上所写，倘有未明了处，乞检阅前数函即知。

子恺居士慧览

八月二十六日　演音上

今年夏间，由嘉兴蔡居士寄玻璃版印《华严经》二册至尊处（江湾），想早已收到（当时仁者在乡里）。前函未提及，故再奉询。

八

一九二八年九月初四日 温州庆福寺

子恺居士：

前复信片，想达慧览。

尚有白话诗二首，亦已作就。附写如下：

母之羽

雏儿依残羽，殷殷恋慈母。

母亡儿不知，犹复相环守。

念此亲爱情，能勿凄心否？

此下有小注即述蝙蝠之事云云。俟后参考原文，再编述。

平和之歌

昔日互残杀，今朝共舞歌。

一家庆安乐，大地颂平和。

附短跋云：李、丰二居士，发愿流布《护生画集》，盖以艺术作方便，人道主义为宗趣。虽曰导俗，亦有可观者焉。每画一叶，附白话诗，选录古德者□首，余皆贤瓶道人补题。纂修既成，请余为之书写，并略记其梗概。

新作之诗共十六首，皆已完成。但所作之诗，就艺术上而论，颇有遗憾。一以说明画中之意，言之太尽。无有含蓄，不留耐人寻味之余地。一以其文义浅薄鄙俗，无高尚玄妙之致。就此二种而论，实为缺点。但为导俗，令人易解，则亦不得不尔。然终不能登大雅之堂也。

画稿之中，其画幅大小，须相称合。如《！！！》一幅，似太大。《母之羽》一幅，似稍小。仁者能再改画，为宜。虽将来摄影之时，可以随意缩小放大，但终不如现在即配合适宜，俾免将来费事。且于朽人配写文字时，亦甚蒙其便利也。

附二纸，为致李居士者。乞仁者先阅览一过，便中面交与李居士，稍迟未妨也。

九月初四　演音上

九

一九二八年旧九月十二日，温州庆福寺

昨晚获诵惠书，忻悉一一。兹复如下：

△续画之画稿，拟乞至明年旧历三月底为止。因温州春寒殊甚，未能执笔书写。须俟四月天暖之后，乃能动笔。由此时至明春三月，乞仁者随意作画，多少不拘。朽人深知此事不能限期求速就写字作文等亦然。若兴到落笔乃有佳作。所谓“妙手偶得之”也。至三月底即截止，由朽人用心书写。大约五月间，可以竣事。

仁者新作之画，乞随时络续寄下。又以前已选入之画稿及未选入者，并乞附入，便中寄下，即由朽人选择。其选入者，并即补题诗句。

△白居易诗，“香饵”云云二句，系以鱼喻彼自己，或讽世人，非是护生之意。其义寄托遥深，非浅学所能解。乞勿用此诗作画。

△研究《起信论》，译佛教与科学之事，暂停无妨。礼拜念佛功课未尝间断，戒酒已一年，至堪欢喜赞叹。近来仁者诸事顺遂，实为仁者专诚礼拜念佛所致。念佛一声，

能消无量罪，能获无量福。惟在于用心之诚恳恭敬与否，不专在于形式上之多少也。

△网篮迟至年假时带去无妨

△珂罗版《华严经》乞赠李圆净居士一册

△以后作画，无须忙迫。

至画幅之多少，亦不必预计。如是乃有佳作。

△倘他日集中画幅再增多之时，则已删去之画，如《倒悬》《众生》又名《上法场》等，或仍可配合选入。俟他日再详酌。

△许居士如愿出家当为设法

△明年大约仍可居住庆福寺。因公园以筹款不足，停止进行，故尚安静可住。承诸友人赠送之资，至为感谢。此次寄来之二十元，拟留充明年自己之零用。至于明年，尚需贴补寺中全年食费约六十元。又于地藏殿装玻璃门，及《续藏经》书橱之木架等费，朽人拟赠与寺中三十元。共计九十元。倘他日有友人送款资至仁者之处，乞为存积。俟今年阴历年底，朽人再斟酌情形。倘需用此款者，当致函奉闻，请仁者于明年春间便中汇下。此事须今年

年底酌定，故所有款资，拟先存仁者之处，乞勿汇下。

△明年朽人能于秋间至上海否，难以预定。或不能来，亦未可知。因近来拟息心用功，专修净业。恐出外云游，心中浮动，有碍用功也。统俟明年再为酌定。

△明年与后年，两年之中，拟暂维持现状。

至于夏居士所云建造房舍之事，俟辛未年再行斟酌。

草草奉复 不具

子恺居士

演音上 九月十二日

再者，以后惠函，信面之上，乞勿写和尚二字。因俗例，须本寺住持，乃称和尚。朽人今居客位，以称大师或法师为宜。

再者，愚夫愚妇及旧派之士农工商，所欢喜阅览者，为此派之画。但此派之画，须另请人画之。仁者及朽人，皆于此道外行。今所编之《护生画集》，专为新派有高等小学以上毕业程度之人阅览为主。彼愚大等，虽阅之，亦仅能得极少份之利益，断不能赞美也。故关于愚夫等之顾虑，可以撇开。若必欲令愚夫等大得利益，只可再另编画集一部，专为此种人阅览，乃合宜也。

今此画集编辑之宗旨，前已与李居士陈说。第一专为新派智识阶级之人即高小毕业以上之程度阅览。至他种人，只能随分获其少益。第二专为不信佛法，不喜阅佛书之人阅览。现在戒杀放牛之书出版者甚多，彼有善根者，久已能阅其书，而奉行惟谨。不必需此画集也。近来戒杀之书虽多，但适于以上二种人之阅览者，则殊为希有。故此画集，不得不编印行世。能使阅者爱慕其画法崭新，研玩不释手，自然能于戒杀放生之事，种植善根也。鄙意如此，未审当否？乞仁等酌之。又白。

一〇

一九二九年旧八月二十九日 上虞白马湖

子恺居士：

前日已至白马湖。承张居士代表招待一切，至用感慰。

兹有四事，奉托如下。

（一）乞画澄照律祖[1]像一幅。别奉样式一纸，乞检阅。

---

① 澄照律祖：即道宣。唐懿宗咸通十年（869）敕谥道宣为澄照律师。

此像在《续藏经》中。今依彼原稿，略为缩小。如别纸中，朱笔所画轮廓为限。如以原稿太繁密者，乞仁者依己意稍为简略。但仍以工笔细线画之为宜。画纸乞用拷碑纸，因将刻木板也。此画像，能于旧历九月中旬随夏居士返家之便带下，为感。

（二）前存尊处之马一浮居士图章一包。乞于便中托人带至杭州，交还马居士。但此事迟早不妨，虽迟至数月之后亦可。马居士寓杭州联桥及弼教坊之间，延定巷旧第五号（或第四第六号）门牌内。

（三）强建苏居士，今春在鼓山，定印《华严疏论纂要》多部。此书系康熙古板。外间罕有流传。每部大约六十册，实费二十元。以十二部分赠与日本各宗教大学及图书馆等，托内山书店代为分配及转寄，又以二部赠与上海功德林流通。附写信二纸，乞于便中转交内山书店及功德林佛经流通处为感。

（四）有人以五元托仁者向功德林代请购下记之书：

△《华严处会感应缘起传》一册

△其余之资，皆请购功德林藏版《地藏菩萨本愿经》

若干册及其邮费。此书代为邮寄“温州大南门外庆福寺因弘法师收”。无须挂号。此款乞暂为填付，俟他日托夏居士带奉。种种费神，感谢无尽。

惟净法师偕来，诸事甚为妥善。秋后，朽人或云游他方。仍拟请惟净法师在晚晴山房居住，管理物件及照料一切。彼亦有愿久住山房之意。

闻仁者近就开明编辑之事，想甚冗忙。如少闲暇，九月中旬可以不来白马湖。俟他时朽人至上海，仍可晤谈也。俗礼幸勿拘泥，为祷。不具。

旧八月二十九日　演音疏

外三纸[①]

① 外三纸：指样式一纸，信二纸。

子愷居士文席。惠書誦悉，至用歡慰。朽人於去夏初，往青島講律，秋末返廈門。途經上海，曾與夏丏尊居士晤談。居廈門數月。至舊年暮，到草庵度歲。戊寅元旦始在庵講行願品十日。二月初一日始在泉州承天寺復講。此外於泉州各地及惠安演講甚忙。寫字極多，居泉不滿兩月，已逾千件。幸身體康健，不畏其勞也。數日後須往廈門佛會演講三日。下月初旬，復往福州城內演講。講畢，或即返泉州。以後

惠書、乞寄泉州城內承天寺轉交最妥。朽人出家已來，恒自韜晦、
罕預講務。乃今歲正月至泉州後，法緣殊勝，昔所未
有，幾如江流奔騰不可歇止。朽人亦甘願為法捨身。講
所居之處，飛機日至數次（大炮每日鳴放，窗窗震動），又與軍隊同住（軍人住寺內）。朽人亦安樂如恒，
蓋已成為習慣矣。幸在各地演講，聽者甚眾，皆甚歡喜。於
兵戈擾攘時，朽人願盡綿力，以安慰受諸痛苦〔闕〕驚惶
憂惱諸眾生等，當為
仁等所贊喜。惟自慚道德學問皆無成就，冒充善知識，虛

並信施濫用恭敬，至為痛心，時時報顧。但希慎重審

慮，戰戰兢兢，如臨深淵，如履薄冰，不敢任性率情，庶

幾無大過歟。泉州之鄭健魂居士，為立達學園畢業生，

時憶念

仁者。甚盼 仁者攜眷居住泉州鄉間，彼願盡力輔助一切，可以決無

危險之虞也。城市危而鄉村甚安。朽人近在泉州弘法，鄭居士熱心助

理，情殊可感。承示復，不宣。

廣洽師已往南洋，養正院暫散，南普陀駐兵。

四月十八日　演音啓

一一

一九三八年四月十八日 泉州承天寺

子恺居士文席：

惠书诵悉，至用欢慰。朽人于去夏初，往青岛讲律，秋末返厦门。途经上海，曾与夏、章诸居士晤谈。居厦门数月。至旧年暮，到草庵度岁。戊寅元旦始，在庵讲《行愿品》十日。二月初一日始，在泉州承天寺复讲。此外于泉州各地及惠安，演讲甚忙。写字极多，居泉不满两月，已逾千件。幸身体康健，不畏其劳也。数日后，须往厦门法会演讲三日。下月初旬，复往福州城内演讲。讲毕，或即返泉州。以后惠书，乞寄承天寺（泉州城内）转交最妥。朽人出家已来，恒自韬晦，罕预讲务。乃今岁正月至泉州后，法缘殊胜，昔所未有，几如江流奔腾不可歇止。朽人亦发愿为法舍身。虽所居之处，飞机日至数次（大炮叠鸣，玻璃窗震动），又与军队同住（军人住寺内），朽人亦安乐如恒，盖已成为习惯矣。幸在各地演讲，听者甚众，皆悉欢喜。于兵戈扰攘时，朽人愿尽绵力，以安慰受诸痛苦惊惶忧恼诸众生等，当为仁者所赞喜。惟自惭道德学问皆无成就，冒充善知识，虚受信施，滥膺恭敬，至为痛心，时以赧颜。但常慎重审虑，战战兢兢，如临深渊，如履薄冰，不敢任性率情，庶几无大过欤。

泉州郑健魂居士，为立达学园毕业生，时忆念仁者。甚盼仁者携眷居住泉州乡间，彼愿尽力辅助一切，可以决无危险之虞也（城市危而乡村甚安）。朽人近在泉州弘法，郑居士热心助理，情殊可感。率复 不宣

广洽师已往南洋，养正院星散，南普陀驻兵。

四月十八日　演音启

一二

一九三八年旧五月十一日 漳州瑞竹岩

子恺居士道席：

前复一函及信片，寄至长沙，想已转送。今由泉州寄至四月二十一日惠书，具悉一一。宣纸未收到，兹先写小幅二叶，俟时局安定再别写大者奉上也。厦门变难前四日，朽人已至漳州讲经。尔来车路毁坏，一时未能返泉州，故在漳州东乡瑞竹岩暂住，即在此度夏也。朽人居此，人地生疏。时有所需，未便向他人请求。由汉口至漳州倘能邮汇者，乞仁者有以资助，至感。不宣

五月十一日　演音疏

通信处，由“祈保亭”转交。其地址，如信面所写。

厦门乱后，漳州物价昂贵，有增至九倍者。惟漳州为闽中产米最多之处，虽久困居于此，必不致绝粮也，乞勿念。

近阅明蕅益大师集，有诗一首云：

赤日揽作镜[①]。海水挹作盆。

照我忠义胆，浴我法臣魂。

九死心不悔，尘劫愿犹存。

为檄虚空界，何人共此轮。

又读古人诗云：“莫嫌老圃秋容淡，犹有黄花晚节香。”朽人近恒发愿，愿舍身护法（为壮烈之牺牲），不愿苟且偷安独善其身也。仁者与马居士通信时，乞代致候。附白

① 赤日揽作镜：乃“日轮挽作镜”之误。应以见于致郁智朗函中引《灵峰宗论》（明蕅益大师著）诗句为正。此信件中因凭记忆引文，故有误。

子愷居士文席：前後函及寫件、想已收到。朽人近在此弘法甚忙、亦頗有良好之效果、可以慶慰也。

仁者暇時、乞繪釋迦佛像一幅。約二尺高之直幅像（四尺宣紙一張裁開為四幅）。上、乞寫南無本師釋迦牟尼佛九字。下方幅邊、乞寫笑宗居士供養　仁者敬繪（并蓋印）之小字、如常式。再用感謝。通訊處、仍寄漳州東門外浦頭祈保亭。諸懇不宣。

閏七月廿四日

演音啓

倘仁者多暇、乞再繪如上式之佛像數葉、但不寫上款、一併寄下、尤感。

附白

一三

一九三八年闰七月二十四日 漳州祈保亭

子恺居士文席：

前复函及写件，想已收到。朽人近在此弘法甚忙，亦颇有良好之效果，可庆忭也。仁者暇时，乞绘释迦佛像一纸。约二尺高之直幅。四尺宣纸一张裁开为四幅。像上，乞写“南无本师释迦牟尼佛”九字。下方纸边，乞写“笑棠居士[①]供养、仁者敬绘”（并盖印）之小字，如常式。至用感谢。通讯处，仍寄漳州东门外浦头祈保亭。

谨恳 不宣

闰七月二十四日　演音启

倘仁者多暇，乞再绘如上式之佛像数叶，但不写上款，一并寄下，尤感。附白。

① 笑棠居士：即严笑棠（生卒年不详）福建漳州人，在漳州经营九龙饭店。1938 年日寇侵厦，战机紧迫，由他陪弘一法师赴漳。

一四

一九三八年旧十一月十八日 泉州承天寺

子恺居士文席：

前承寄画像，分赠诸友人，欢感无尽。朽人拟在泉州暂时闭关用功（不定期限，大约数月）。以后仁者若通讯时，乞寄与夏居士，附彼函中寄下。因闭关以后，与寺中人约，唯有夏居士函乃可送入关中也。

前嘱写各件，俟写就，拟寄与夏居士，暂存沪上。

桂林近甚不安，想仁者未能久居彼土。据鄙见，以返沪为最稳妥也。不宣

十一月十八日　演音启

一五

一九三九年旧三月二十四日 泉州承天寺

子恺居士澄览：

前托夏居士邮奉复书及写件，想已收到。前日复获夏居士转送两书，诵悉。曼达师所寄二函，于昨日下午始获披阅。别写复笺一纸，乞代填入今名。昔名曼达未知今出家后何名？乞仁者代为填写。便中转寄为祷。朽

子恺居士文席：惠书诵悉。拙书一纸，附奉上。护生画集拟分为两部。旧辑者，今已再写题诗，其画及二序文张英文本（一切如旧本），影印制版，与原稿无异。近已由佛学书局印行。此外再拟编辑一部，仁者续作诸诗寄下，即可书写也。九月二十前出版，恐未能。於是日由仁者撰序一首（书名亦由仁者酌定），并於新编之首，以为六十纪念可耳。纸张笔墨，二千需要甚多，乞勿寄下。圆净居士已返申。将来新编付印时，倘彼仍在申，愿为负责助理一切。彼眷属牵缠，恐难出家，一时或未能离申也。谨复，不宣。

音启 七月三日

通信处如信面所写

人近年来，身体虽可勉强支持，但旧病未除，新疾时增。故自去秋闭门静养，谢绝见客及普通信讯。惟有关系于《护生画集》等诸要事，乃亲自通讯耳。所复曼达师书，甚简略。因精神恍惚，未能多陈。乞仁者致意于师，请其亮宥并乞告云：朽人于外间罕通信讯，今致师之复笺，乞勿转示他人云。谨复 不具

音启　农历三月二十四日

一六

一九三九年七月三日 永春普济寺

子恺居士文席：

惠书诵悉。拙书一纸，附奉上。《护生画集》，拟分为两部。旧辑者，余已再写题诗，一切如旧本，其画及序文依英文本影印制版，与原稿无异，近已由佛学书局印行。此外再拟编辑一部，仁者搜集诸诗寄下，即可专写也。九月二十日前出版，恐未能。于是日，由仁者撰序一首，书名亦乞仁者酌定，弁于新编之首，以为六十纪念可耳。纸张笔墨，余处甚多，乞勿寄下。圆净居士已返申，将来

六月承寄承天寺三函、二明信（由夏居士转寄之一函亦收到）及画稿，已于今日收到，欢感无尽。朽人近来身体尚健，精神大衰，未能构思画集题句，拟请仁者代恳浙大校同人分撰，撰就，乞寄与夏居士转交朽人，即可书写也。前将应题词之画名列下：中秋同乐会。凤凰来仪。远书。龟负其子。被弃的小猫。乞食。运粮。围敌。漏网。盥漱避虫蚁。老牛亦是知音者（此画背面未贴诗句）。惜之墓。风雨之夜的候门者。好鸟枝头亦朋友。牛的星期日。蚂蚁搬家。呦呦鹿鸣，以食相呼。同睡。雎鸠男女有别。塞雁联行镜里见。绸缪牖户。方长不折。重生。雀衣不毁为理巢也。鹬蚌相亲。归故山。解放。群鱼。群鸽。归市。采药。游山。鹤在郊野。凤在列树。共计三十三幅。题词，凡是诗词及新（不必全首）偈、旧诗、格偈、语体文皆善。以字句简少为宜，因字数多，须写小字，制版后不能明晰也。撰者姓名，乞一一注出。

拟删去八幅：雨后。驯鸽归巢。春夜的鼓手。春江水暖。香饵见来。横行不到人间。出门上路莫远。青山不识。以上画及诗皆佳，因格式与他画不一律，故删。如是未知当否，便乞示知。编次拟依甲乙等，以同乐会及来仪冠首。

今年朽人世寿六十，承绘画集，至用感谢。但人命无常，世寿有限，朽人或不久谢世，亦未可知。拟望将来（每十年绘辑一编，至朽人百岁为止）继续绘画，至第六编为止。朽人若在世，可为祝寿纪念；若去世，可为冥寿纪念（此名随俗称之，甚未典雅，或易立其他名目）。总之，能再续出四编，共为六编，流通世间，其功德利益至为普遍广大也。

仁者如与马居士通信时，乞代致候，并述谢忱。附致郑居士一版及联对小幅，又张居士一幅，乞转交。

先此奉达，余俟续陈。以后惠书乞仍寄与夏居士转交为稳。九月二十日所发之笺函，甚可留为纪念，拟以此附印于画集之后，可否乞示知。

子恺居士 十月廿日 音启

新编付印时，倘彼仍在申，可负责助理一切。彼眷属牵缠，恐难出家，一时或未能离申也。谨复 不宣

音启　七月三日

通信处如信面所写

一七

一九三九年旧十月 永春普济寺

子恺居士文席：

前承寄承天寺三函二明信及画稿，已于今晨收到（夏居士转寄一笺亦收到），欢感无尽。朽人近来身体尚健，精神大衰，未能构思。画集题句，拟请仁者代恳浙大校同人分撰。撰就，乞汇寄与夏居士转交朽人，即可书写也。

兹将应题句之画名列下：《中秋同乐会》《蝴蝶来仪》《远书》《襁负其子》《被弃的小猫》《推食》《运粮》《遇救》《漏网》《盥漱避虫蚁》《老牛亦是知音者》（此画背面未贴诗句）《蝶之墓》《风雨之夜的候门者》《好鸟枝头亦朋友》《牛的星期日》《蚂蚁搬家》《呦呦鹿鸣得食相呼》《关关雎鸠男女有别》《塞雁联行号弟兄》

《绸缪牖户》《方长不折》《重生》《敝衣不弃为埋猪也》《鹬蚌相亲》《归故山》《解放》《群鱼》《群鸥》《归市》《采药》《游山》《麟在郊野》《凤在列树》共计三十三幅。题句，凡文、诗、词（不必全首，仅片段即佳）及新体诗、语体文皆善，以字句简少为宜。因字数多，须写小字，制锌版未能明晰也。撰者姓名，乞一一注出。

拟删者八页：《雨后》《待鹤归》《春夜的鼓手》《春江水暖》《香饵见来》《横行不到人间》《虫声新透》《青山不识》。此画及诗甚佳。因格式与他画不一律，故删。如是未知妥否，便乞示知。

编次拟依甲乙等，以《同乐会》及《来仪》冠首。

今年朽人世寿六十，承绘画集，至用感谢。但人命无常，世寿有限。朽人或不久谢世，亦未可知。仍望将来继续绘此画集（每十年绘辑一编，至朽人百龄为止），至第六编为止。朽人若在世，可云祝寿纪念。若去世，可云冥寿纪念（此名随俗称之甚未典雅）。或另立其他名目。总之，能再续出四编，共为六编，流通世间，其功德利益至为普遍广大也。

仁者如与马居士通信时，乞代致候，并述谢忱。

附致郦居士一笺及联对小幅，又张居士一幅，乞转交。

先此略达，余俟后陈。以后惠书，乞寄与夏居士转交为祷。

九月二十日所发之尊函，甚可留为记念。拟以此附印于画集之后，可否，乞示知。

子恺居士文席

音启

一八

一九四〇年旧五月二十五日 永春普济寺

子恺居士文席：

惠书及画集文词，皆收到，至用欢忭。文词甚佳。朽人暇时，拟随力稍为润色。《盥漱避虫蚁》之画，作时人装束，与《人谱》原文似未合。拟由朽人另拟撰一偈，下署学童之名。其删去之四幅，为《塞雁》《纵麑》《归故山》《管仲师老马》。友人欲请奉仁者所绘佛像及护生书者甚多。拟请以后通信时，随附寄数纸，络续寄下。若大包，恐邮局未能寄也。又信笺信封，乞勿用水印朱色者。宜用无朱色者，或油印朱色无妨。因旧式水印朱色之笺封，稍受潮湿，即污染也。附奉上拙书大佛字二纸。

谨复 不宣

农历五月二十五日　音启

致黄庆澜

黄庆澜，一八七五～一九六一，字涵之，上海人。民初先后曾任瓯海及会稽道尹，为一热心佛教徒。著有《阿弥陀经白话解》。

一九二六年五月 杭州招贤寺

涵翁耆居士慧鉴：

去温之时，曾奉一书，计达尊览。三月初旬至杭州，暂居招贤寺。前承属书《行愿品偈》，今已写就，附邮奉上，乞检受。笔墨久荒，书写工楷，气既不贯，字体大小，亦未能一律。几经修饰描改，益复损其自然之致，如何如何！去年陈伯衡居士，石印拙书《八大人觉经》，曾呈法雨老人[①]阅览。老人以为折本太长（与今写者相同），未便放置，以后再印宜改短云云。故今所写《行愿品偈》，未写冠首之科文，及后附之释经名题。如是仅存大字经文，再将上下空白纸处缩短，则可兴金陵折本行愿品，长短相似。藏置书架之上，应无折损之虞矣。又前年书写之《净行品偈》，亦可将已写冠首之科文及后附之释经名题删去，则卷尾之跋语行式太长，未能合宜。今别写一叶奉上，乞以补入。以上所陈拙见，未审当否？希裁酌之。

附奉陈者，前承惠施《续藏经》，暂存上海立达学园。

---

① 法雨老人：即印光法师，当时住浙江普陀山法雨寺，故尊称他为法雨老人。

此次返杭之后，立达主任夏、丰二居士即来杭晤谈，谆谆恳请；以此《续藏经》永存立达学园；并谓已订制书架，注意保藏，且有同学多人发心阅览云云。音察其情意诚挚，不忍违拂，已允其请；并由彼致函与衢州汪居士，说明此意。请汪居士欢赞其事。照此情形，是经存置立达，似颇稳妥。既能注意保存，且有多人阅览，较诸转送衢州，似合宜也。仁者闻之，想定欢喜赞许。今后学园诸子披阅经文，获植善根，或开慧解，悉出仁者之赐。檀施功德，宁有涯涘。附陈梗概，并鸣谢忱。音不久拟赴庐山，约在秋后乃可返杭。以后惠函，乞寄杭州里西湖招贤寺存交音手收，至妥。敬颂檀那[1]功德无量！

演音疏

① 檀那：梵语，即布施之意。

致蔡元培 经亨颐 马叙伦……

蔡元培 一八六八～一九四〇，字鹤卿号孑民，浙江绍兴人，我国著名的民主革命家、教育家。

清末任教上海南洋公学，为李叔同之师。

时任国民党浙江省政治分会委员。

经亨颐 一八七二～一九三八，号子渊，别号石禅，浙江上虞人。一九一二年秋，李叔同执教浙江省第一师范时，经氏任该校校长。

他是一位富有艺术修养的文士，诗、书、画俱佳，又善治印，是西泠印社吴昌硕为社主、乐石印社即李叔同为社主的社友。

后在浙江上虞白马湖创办春晖中学。

马叙伦　一八八四～一九七〇，字彝初，亦作夷初，浙江余杭人。早年参加同盟会，曾任清华大学、北京大学教授，国民党政府教育部次长。

少卿，姓周，时任浙江省教育厅长。

钟华，即宣中华，时主浙江宣传。

一九二七年旧三月十七日 杭州常寂光寺[①]

旧师孑民、旧友子渊、彝初、少卿、钟华诸居士同鉴：

昨有友人来，谓仁等已至杭州建设一切，至为欢慰。又闻孑师等在青年会演说，对于出家僧众，有未能满意之处。鄙意以为现代出家僧众，诚属良莠不齐。但仁等于出家人中之情形，恐有隔膜。将来整顿之时，或未能一一允当。鄙意拟请仁等另请僧众二人为委员，专任整顿僧众之事。凡一切规画，皆与仁等商酌而行，似较妥善。此委员二人，据鄙意，愿推荐太虚法师及弘伞法师任之。此二人，皆英年有为，胆识过人。前年曾往日本考察一切[①]，富于新思想，久有改革僧制之弘愿。故任彼二人为委员，最为适当也。至将来如何办法，统乞仁等与彼协商。对于服务社会之一派，应如何尽力提倡（此是新派）。对于山林办道之一派，应如何尽力保护（此是旧派，但此派必不可废）。对于既不能服务社会，又不能办道山林之一流僧众，应如何处置。对于应赴一派即专作经忏者，应如何严加取缔。对于子孙之寺院（即出家剃发之处），

---

① 此信作于 1927 年旧历三月，时弘一法师正闭关杭州云居山常寂光寺。

应如何处置。对于受戒之时，应如何严加限制。如是等种种问题，皆乞仁者仔细斟酌，妥为办理。俾佛门兴盛，佛法昌明，则幸甚矣。此事先由浙江一省办起，然后遍及全国。弘伞法师现住里西湖新新旅馆隔壁招贤寺内，太虚法师现住上海（其住址问弘伞法师便知[①]）。

谨陈拙见，诸乞垂察。不具

弘一　三月十七日[①]

昨闻友人述及仁者五人现任委员。此外尚有数人，或系旧友，亦未可知。并乞代为致候

① 太虚、弘伞二法师，1925年曾赴日本出席东亚佛教大会并考察日本佛教。太虚著有《整理僧伽制度论》。

致李圆净

李圆净　一九〇〇～一九五〇，亦作圆晋，名荣祥，广东三水人。中年学佛，著有《佛法导论》等。

深受弘一法师称许。又与丰子恺合编《护生画集》。

一

一九二八年六月十九日 温州庆福寺

书悉。题名为《护生画集》，甚善。但其下宜增三小字，即“附文字”三字。其式如下：

护生画集附文字

如是，则凡对照文字及尊著《护生痛言》，皆可包括在内。未识尊见如何？

此封面，请子恺画好，由朽人题此书名。至若题辞，乞湛翁[①]为之，诗文皆可。但付印须在年内，湛翁能题就否？不可得而知也。

去年晤湛翁，彼甚赞叹仁者青年好学。故仁者若向彼请求，或可允诺。附写一笺，往访时可持此纸。

去年仁者之函，湛翁未复，并无他意。彼之性情如是，即于旧友亦然。决非疏远之意也。

所以不乞湛翁题封面集名者，因湛翁喜题深奥之名字，为常人所不解。于流布颇有妨碍。故改为由朽人书写也。

---

① 湛翁：为马一浮之号。

仁者往访湛翁，乞将画稿等带去，说明其格式。

彼寓延定巷旧第六号门牌内。如唤人力车，乞云：城内弼教坊银锭巷。因延定二字，常人不知也。

往访之时间，宜在上午七时至七时半之间，迟恐彼他出。

将来《护生痛言》排版之时，其字之大小，排列之格式，皆乞与子恺商酌。初校之时，亦令彼一阅其格式合否。

《嘉言录》[①]中，有大号之黑点●，殊损美观。如必须用，可用再小一号者●。或用三角空形△，尤善。

此书虽流通甚广，雅欲共赏，但实偏重于学者一流之机。因子恺之画，朽人与湛翁之字，皆非俗人所能赏识。故应于全体美观上，十分注意也。装订以洋装为宜。如《到光明之路》之式，最善。

尊撰《护生痛言》，闻已脱稿，至为欢慰。

谨复 不具一一

六月十九日　演音上

圆净居士慧览

① 《嘉言录》：即《印光法师嘉言录》。

湛翁向不轻为人撰文写字。朽人数年前，曾代人托彼撰写，至今未就。此书题词，如至九十月间仍未交来者，则改为由朽人撰写。但衰病不能构思，仅能勉题数语耳。

二

一九二八年八月初三日 温州庆福寺

圆净居士慧览：

兹有数事奉托，条记如下：

△（一）由周居士送上网篮一只，上层有书三包，包皮写明交与仁者字样，乞检出，将此书暂存尊处。其余之物及网篮，皆交子恺收。

△（二）《五戒相经》，不久印出再版之精装本二百册，连史纸印，磁青纸面子，及《有部毗柰耶》之精装本二百册。俟印就后，即由中华书局送至尊处。如收到后，乞检出各一百五十册，送至内山书店，托彼转赠日本诸处。其余各五十册，乞尊处代为收藏。俟朽人他日需用时领取。

△（三）又《有部毗柰耶》之普通纸印本一千册，赛

宋纸印，亦由中华书局同时送至尊处。如收到后，乞检出五十册，一并送与内山书店，托彼赠送。此外，又乞仁者斟酌，如有适宜之寺院及僧众等，亦可赠送。此书系比丘律，在家人处可以不送。然亦无须多送。其余之书，乞暂存贮尊处。以待他日觅得适宜之处，再络续赠送。现在各地僧学校，逐渐兴办。将来此书，应可有适宜赠送之处也。又老辈之中，如印光法师诸处，皆可不送。

△（四）赠与内山书店书籍之事，乞无须与他人谈及并乞转告子恺。因现在常人，对于日本国人甚有恶感，尽力排斥。今闻此举，恐生讥评。故以不宣布为宜也。

△（五）以上各书，皆可无须寄至朽人处。又《戒杀画集》出版之后，亦乞勿寄下。俟明年至沪时，再披阅可也。

△（六）《戒杀画集》出版之后，凡老辈旧派之人，皆可不送或少送为宜。因彼等未具新美术之知识，必嫌此画法不工，眉目未具，不成人形。又对于朽人之书法，亦斥其草率，不合殿试策之体格。此书赠与新学家，最为逗机。如青年学生，犹为合宜。至寻常之寺院，及守旧之僧俗，皆宜斟酌送之。

△（七）前存尊处之初版《五戒相经》（普通纸印），乞检出五十册。送至北京路通易信托公司内周守良居士收下，转交温州周孟由居士收。

△（八）《调查录》已朱标记号数处（其改正之词，另载说明书中），交尤居士。乞仁者便中索阅。又说明书一纸，亦已交尤居士。按此书等已寄去，乞索阅。

△（九）《寒山拾得诗》中，有戒杀诗数首。昔人著作中，似未编入。今或可选出，录入《护生画集》中。乞酌之。此诗金陵有单行本，名曰《寒山诗》。

△（十）七月初二日信片，已收到。

又承寄《地藏菩萨录》一包，亦收到，敬谢。

已上奉托诸事，种种费神，感谢无尽。

八月初三日　演音上

三

一九二八年九月二十四日 温州庆福寺

子恺、圆净居士全鉴：

朽人现拟移居。以后寄信件等，乞写“温州苏行门外江心寺弘一收”，为宜。希勿再用“论月”二字，因名字歧异，邮局时生疑义。以专用弘一之名为妥也。

江心寺交通不便，凡有信件，皆寄存城内某店，俟有人入城买物时带来。由岸至江心寺，须乘船过江，甚为不便。其寄出之信件，亦须俟有便人，乃可付邮。以是之故，如由上海寄来之信，大约须迟至一个月左右，乃能得回信，甚为迟缓。且因辗转传递，或亦不免遗失也。此事诸乞亮察为祷。

子恺新作之画稿，并旧画稿全份，乞合并聚集为一包，统于明年旧历三月底寄下，为要。不须络续而寄。又寄时，必须双挂号。至于朽人将白话诗题就，并书写完毕，即连马序及《护生痛言》，共为一包，大约于旧历五月，可以寄上。当由朽人亲身携往邮政总局，双挂号寄上，决不致有错误。

依上所陈者，为尊处寄新旧画稿来时，亦仅一次。又朽人寄出者，亦仅一次。如是较为清楚。

又朽人在江心寺，系方便闭关。一概僧俗诸师友，皆不晤谈。又各地常时通信之处，亦已大半写明信片，通告一切：谓以后两年三个月之内，若有来信，未能答复。又写字、作文等事，皆未能应命，云云。自是以后，无十分重大之要事，决不出门。惟明夏寄上画稿时，拟出外一次耳。草草书此，不具一一。

九月二十四日　演音上

以后各种写件，皆拟暂停如封面等皆不书写。因邮寄太费周折，又恐遗失，反令他人悬念。故不如一律不写之为愈也。

再者，由他处寄至江心寺之函件，须存放某豆腐店，须待工人等买豆腐时领取。豆腐店中人等，及工人等，皆知识简单，少分别心。虽有双挂号之函件，彼等亦漠然视之，不加注意。以是之故，虽双挂号，或亦不免遗失。因邮局之责任，仅送至豆腐店为止，以后即不管也。朽人之意，以为旧上海艺术师范毕业生，有二三人，在第十中学任教务。拟请子恺居士于明春二月间，询问是否确实，问吴梦非便知。倘果有其人者，先致函询彼。拟将画稿寄至第十中学，交彼手收，令彼亲身送至江心寺，可否？彼如允许，再将画稿双挂号寄去。总之，此事甚须注意，乞仁等详酌之。周孟由居士，体弱多病。惟在家念佛，不常出外。性情弛缓，诸事不愿与闻。此事万万不可托彼转交。恐反致贻误延缓也。

四

一九二八年旧八月二十一日 温州庆福寺

子恺、圆静居士仝览：

惠书及另寄之画稿、宣纸等，皆收到。

披阅画集，至为欢喜赞叹。但稍有美中不足之处。率以拙意，条述如下。乞仁等逐条详细阅之，至祷。

△按此画集为通俗之艺术品，应以优美柔和之情调，令阅者生起凄凉悲愍之感想，乃可不失艺术之价值。若纸上充满残酷之气，而标题更用“开棺”“悬梁”“示众”等粗暴之文字，则令阅者起厌恶不快之感，似有未可。

更就感动人心而论，则优美之作品，似较残酷之作品感人较深。因残酷之作品，仅能令人受一时猛烈之刺激。若优美之作品，则能耐人寻味，如食橄榄然。此且就曾受新教育者言之。若常人，或专喜残酷之作品。但非是编所被之机。故今不论。

△依以上所述之意见，朽人将此画集重为编订，共存二十二张。尚须添画两张，共计二十四张。添画之事，下条详说。残酷之作品，虽亦选入三四幅，然为数不多，杂入中间，亦无大碍。就全体观之，似较旧编者稍近优美。至排列之次序，李居士旧订者固善，今朽人所排列者，稍有不同，然亦煞费苦心，尽三日之力，排列乃定。于种种方面，皆欲照顾周到，但因画稿不多，难于选定。故排列之次序，犹不无遗憾耳。

△此画稿尚须添画二张。其一，题曰《忏悔》。画一半身之人或正面，或偏面，乞详酌之，合掌恭敬，作忏悔状。其衣服宜以简略二三笔画之，不必表明其为僧为俗。

其一，题曰《平和之歌》。较以前之画幅，加倍大即以两页合拼为一幅，如下记之图形。其虚绕者，即是画幅之范围。其上方及两旁，画舞台帷幕之形。其中间，画许多之人物，皆作携手跳舞唱歌欢笑之形状。凡此画集中，所有之男女人类及禽兽虫鱼等，皆（加图）须照其本来之相貌，一一以略笔画出。其禽兽之已死者，亦令其复活。花已折残者，仍令其生长地上，复其美丽之姿。但所有人物之相貌衣饰，皆须与以前所画者毕肖。俾今阅者可以一一回想指出，增加欢喜之兴趣。朽人所以欲增加此二幅者。因此书，名曰《护生画集》。而集中所收者，大多数为杀生伤生之画，皆属反面之作品，颇有未安。今依朽人排定之次序。其第一页《夫妇》，为正面之作品。以下十九张（惟《农夫与乳母》一幅，不在此类）皆是反面之作品，悉为杀生伤生之画。由微而至显，复由显而至微。以后之三张，即是《平等》及新增加之《忏悔》《平和之歌》，乃是由反面而归于正面之作品。以《平和之歌》一张作为结束，可谓圆满护生之愿矣。

△集中所配之对照文字，固多吻合。但亦有勉强者，则减损绘画之兴味不少。今择其最适宜者用之。此外由朽人为作白话诗，补足之。但此种白话诗，多非出家人之口气，故托名某某道人所撰。并乞仁等于他人之处，亦勿发表此事（勿谓此诗为余所作）。昔藕益大师著《辟邪集》。曾别署缁俗之名，杂入集中。今援此例而为之。

△《夫妇》所配之诗，虽甚合宜，但朽人之意，以为开卷第一幅，须用优美柔和之诗，至残杀等文义，应悉避去。故此诗拟由朽人另作。

△画题有须改写者记之如下，乞子恺为之改写：

《溺》改为《沉溺》（第二张）。

《囚徒之歌》改为《凄音》。

原名甚佳，因与末幅《平和之歌》重复，故改之（第三张）。

《诱杀》改为《诱惑》（第四张）。

《肉》改为《修罗》（第十一张）。

《悬梁》能改题他名，为善。乞酌为之（第十三张）。

又《刑场》之名，能改题，更善。否则仍旧亦可（第十二张）。

△朽人新作之白话诗，已成者数首。贴于画旁，乞阅之（凡未署名者皆是）。

△对照之诗，所占之地位，应较画所占之地位较小，乃能美观（至大仅能与画相等）。万不能较画为大。若画小字大，则有喧宾夺主之失，甚不好看。故将来书写诗句之时，皆须依一一之画幅，一一配合适宜。至以后摄影之时，即令书与画同一时、同一距离摄之，俾令朽人所配合大小之格式，无有变动。

△最后之一张画，即《平和之歌》，是以两页合拼为一幅。将来此幅对照之诗，其字数较多，亦是以两页合拼为一幅。诗后并附短跋数语，故此幅之字数较多也。

△画集附挂号寄上。乞增补改正后，再挂号寄下。并画好之封面，同时寄下。

△将来印刷之时，其书与画之配置高低，及封面纸之颜色与结纽线之颜色，能与封面画之颜色相调和否？皆须乞子恺处处注意。又绘画之后，有排版之长篇戒杀文

字，亦须排列适宜。其圈点之大小，与黑色之轻重，皆须一一审定。因吾国排字工人之知识，甚为幼稚，又甚粗心，决不解美观二字也。此事至要，慎勿轻忽。

△此画集如是编定，大致妥善。将来再版之时，似无须增加变动。

△所有删去之十数张，将来择其佳者可以编入二集。兹将删去之画，略评如下：

《诱杀》（二），此书本可用。但以此种杀法，至为奇妙，他人罕有知者。今若刊布，恐不善之人，以好奇心，学此法杀生。故删去。

《尸林》《示众》《上法场》《开棺》皆佳。但因此类残酷之作，一卷之内不宜多收，故删去。将来编二集时，或可编入。但画题有宜更改者。

《修罗》此画甚佳。但因与《肉》重复，故删去。今于《肉》改题为《修罗》，则此幅《修罗》应改为他名。俟编二集时，可以编入。

《炮烙》亦可用。今因集中，有一花瓶一玻璃瓶，与此洋灯罩之形相似。若编入者，稍嫌重复，故删去。

《采花感想》，此画章法未稳。他日改画后，可以选入二集。

《生的扶持》亦可用。因与《夫妇》略似，故删去。

《义务警察》今人食犬肉者罕闻。此画似可不用。

《杨枝净水》此画可用。将来编二集时，可以此画置在最后之一幅。

将来编二集时，拟多用优美柔和之作，及合于护生正面之意者。至残酷之作，依此次之删遗者，酌选三四幅已足，无须再多画也。

△此次画集所选入者，以《母之羽》《倘使羊识字》《我的腿》《农夫与乳母》《残废的美》为最有意味。《肉》，甚有精彩。

△此上所述之拙见，皆乞仁等详细阅之。画稿增改后，望早日寄下，为盼。

△子恺所画之格子，现在虽未能用。但由朽人保存，以备将来书写他种文字用之，俾不辜负量画一番之心血。至此次书写诗句时，应用之格子，拟由朽人自画。因须斟酌变通，他人不能解也。

△宿疾已愈。惟精神身体，皆未复元。草草书此，诸希鉴察，为祷。

八月二十一日　演音上

此函发出之时，同时已另写一明信片，寄与狄思威路李居士，请彼即亲至江湾索阅此函。故仁者收到此函后，无须转寄与李居士。恐途中遗失也。如李居士已往他处，一时不能返沪，而欲急阅此函者，乞挂号寄去为宜。

五

一九二八年旧八月二十三日 温州庆福寺

圆净居士慧览：

昨奉惠书，诵悉一一。承寄藏经目，甚感。画集装订之事，于前函及致子恺之函内，已详言之即是：

（一）用日本连史纸印 不用洋纸印

（二）用美丽之封面画及色彩调和之封面纸（不拘中西）

（三）用美丽之线结纽钉之，不用旧式书籍穿钉之式，亦不用洋装。

若仅赠送国内之人即依此法装订印刷。排印时，无论图画与文字，及附录之长篇白话文，皆不用边。与子恺之《漫画集》相同。但所不同者，彼用洋纸，此则用连史纸耳。若欲赠送日本各处者，则更须添印二三百部，纯用中国旧式之纸料，内容之纸及封面之纸皆然精工印刷。至装订，仍不妨用色线结纽。若如是者，乃合日本人之嗜好。倘用洋纸印刷及洋装等，则彼等视之，殊无意味。此事子恺当深知之。

至于用中国旧式之纸料印刷，以用上等旧式之连史纸为宜。如嫌其价昂，可改用上等旧式之毛边纸，或用温州所出之旧式“七刀纸”，皆能合日本人之嗜好。此种纸张，颜色虽不洁白，然亦颇古雅不俗也。总之，若欲投日本人之嗜好，须用中国旧式极雅致之纸料印之。若欲投吾国新学家知识阶级之嗜好，须用日本连史或洋纸印之。拙见如是，未审然否？

画稿俟子恺改正寄来后，朽人当为补题诗句及书写。大约须费一月左右之力，从画稿寄到后计算。倘无疾病，即可以做到。吾人作事，固应迅捷。然亦不可心忙，过于草率。俟全部题写已毕，再一并寄上，由仁者斟酌募资。吾人为弘法利生，募款印书，固应热心从事。然亦不能过于勉强。倘因缘未能成熟，止可从缓暂待。穆居士处，久未通讯。朽人近年以来，心灰意懒，殊不愿与人交际。即作文写字等事，至此画集完成后，亦即截止。以后作文诗之事，决定停止（因神经衰弱）。至写字之事，惟写小幅简单之佛菩萨名号，或偶写一书签耳。诸乞鉴谅为幸。

八月二十三日　演音上

尤居士寄来牛诗，已收到。惜不甚贴切，今拟重做。

六

一九二八年旧八月二十八日 温州庆福寺

顷奉到挂号尊函及明信一，并《藏经》样本一包，敬谢。

以前凡得诵尊函及获子恺函后，皆随时作复。但有时未另函覆与仁者，仅于复子恺函内，附提及，托彼转达。前得子恺函，谓须写封面二张，随即书写，寄与子恺（大约在八月十六日以前发出）。故未寄与仁者。（因仁者之函在后到，仁者函来时，此封面已寄出矣。）此次诸事，所以仁者未能接洽者。或因邮局罢工，信件迟到。或因子恺已返故乡，朽人凡寄与子恺之函至江湾者，彼皆未能披阅，转达仁者。故迟迟耳。尚有二原因。其一，为沪温之间，每周仅开轮船二次（或有时仅一次），凡尊处与朽人来往之信件，或碰巧者，则二三日即到。若迟者，或至七八日，故往返之间须时半月。又朽人在温，不能常常出门，凡有信件，皆托人送到邮局。彼人或即送出，或迟数日送出，或径遗失，朽人则不之知也。因此种种缘故，致令仁者时以悬念，至用歉然。

近日寄与子恺之函，记之于下：

八月二十二日，挂号函一件，挂号画稿等一包。同时寄兴仁者一信片，请仁者至江湾索阅彼函。

二十三日，函一件；

二十四日，信片一张，皆写新作之诗；

二十六日，函一件；

关于画集之事，乞仁者披阅上记之函片，即可详悉。朽人重作之诗，除有二首须俟画集新稿于他日寄到时，乃能依画着笔外，其余之诗，皆已作好。现在专俟子恺将改订增加之画稿寄来，连同全部画稿寄来，朽人即可补作诗二首，并书写全文大约须一个月竣事。此次关于画集之事，朽人颇煞费苦心，总期编辑完美，俾无负仁者期望之热诚耳。不具

圆净居士慧照

演音上　八月二十八日

将来画集出版后，除赠送外，或可酌定微价，在各处寄售流通。因赠送之书断难普及。有时他人愿得者，因已送罄，无处觅求，至为遗憾。

七

一九二八年九月初四日 温州庆福寺

圆净居士慧览：

昨奉到尊片。又双挂号寄到稿本一册，同时收到。

书写对照文字，须俟画稿寄到，乃能书写。因每页须参酌画幅之形式而定其文字所占之地位。（或大或小或长或方或扁，页页不同，皆须与画相称。）又每写一页时，须参观全部之绘画及文字之形式，务期前后统一调和。（不

能写一页，只照管一页。）故将字与画分两回寄上之事，亦势有所未能。诸乞谅之为幸。

朽意以为此事无须太速。总期假以时日，朽人愿竭其心力为之编纂书写，俾此集可以大体完善，庶不负仁者期望之热忱耳。

《护生痛言》至为感佩，拟留此详读。俟对照文字写就，于他日一齐挂号奉上。

《调查录》中所载之各团体，大半有名无实。故凡有赠送之书，宜先赠一册。并附一明信片告彼等，如愿多得者，可再函索，并附寄邮费，云云。如此办法，最为合宜也。且就朽人所知者而论。各团体多是若有若无。其能聚集数十人而开念佛会者，其中之人，亦大半不识文字。或有少数之人，曾在私塾读书数年者，文理亦不能通。故各处赠送之书等寄来者，以五彩石印洋纸西方三圣像，为彼等大半所欢迎请求。其次，则为《弥陀经》白文。至于《弥陀经白话解》，亦有少数之人能阅览。至其他诸书，则能阅者殊希。

前月北京万居士之流通处，代人分送《陀罗尼》二种。依《调查录》所载之各机关，各赠送二十册。此种悲心，固甚可钦佩，但恐阅者不多。其寄至庆福寺者，直无处可以转送。即朽人亦不愿披阅，只可束之高阁而已。

再者，凡赠送之书，必分出若干部，以极廉之价，于各处寄售。因分送之书，不久即罄。他日有人愿得者，无处可以觅求，每兴向隅之叹也。

以上两事（一为不可多赠，一为须分出若干部寄售，朽人之意，非是阻止法宝流通，实愿法宝不致虚弃，俾不负施者之意耳），实为朽人多年经验，所常常眼见者。拟请仁者编辑《新调查录》时，附以赠送佛书时应注意之事数则刊入。（除上记之二事外，乞仁者与尤居士酌增。）俾他日有人依《调查录》赠送佛书时，可以得良善之办法也。

关于画集印刷排列格式之事，俟后再详陈。仁等对于此事，具有十分之热忱，至用钦佩。

《上法场》一画，拟不编入。

此次未编入之画稿，虽可希望他年能再出二集，但此事难以预定。且朽人精力衰颓，急欲办道。此次画集竣事之后，即谢绝一切，不能再任嘱托之事。朽意以为未编入之画稿，或可附入他种戒杀书中出版。（如居士林之洋装本，最为合宜。）此事将来有便，再乞仁等酌之。

新作之诗，皆已作就，共十六首。务期将全集之调子，调和整齐，但终未能十分满意耳。不具

九月初四日　演音上

画集出版之后，若直接寄赠与各学校图书馆，似未十分稳妥。应由校中教员转交，乃为适宜也。现在即可托人调查介绍。如浙江两级师范图画手工专修科，及第一师范毕业生，现在某校任艺术教员者。又如上海美术学校及专科师范毕业生，现在某校任艺术教员者，皆可托子恺及吴梦非等设法调查。其南京两江师范图画手工专修科，可托姜敬庐居士调查。俟画集出版之后，每校共赠二册。一赠与此艺术教员，一乞彼转赠与彼校图书馆。朽意以为不仅限于赠送艺术学校。其他之中等以上之学校，皆可赠送。乞酌之。

或恐此画集，须迟至明春乃可出版。则延至明春调查亦可。因各校教员，至年底或须更动也。

八

一九三八年闰七月五日 漳州祈保亭

承寄《戒本汇解》，已收到。近详阅仁者前寄来之徐居士遗札，内有痛斥清朝经手刻藏经者之言，实为误会。朽人前已考证清楚，俟将来到泉州时，检阅诸书，详陈一切。朽人今年于闽南各地讲经演说甚忙，为昔所无。旧历三月底，在厦门讲经。四月八日到漳州讲经，本拟住半月即返厦门泉州，不意三天后厦门难起，遂至今不能归去。但亦借此机会，在漳州城乡屡次演说讲经及重兴念佛会等。近讲事多忙，不及详复为歉。尊撰《佛法导论》，最为精湛。余常常劝人读诵此书。便中乞惠施若干册，付邮寄下。如有他种之浅近佛书，亦乞附寄下。至感。

旧闰七月五日　演音上

九

一九三八年旧八月初八日 漳州瑞竹岩

圆净居士道席：

闰月十八日惠书，昨始收到。又前寄之科文校稿一纸，亦已收到。朽人处售存有道光年间所刻《华严疏钞玄谈》一部（已下疏钞正文亦有，余未藏），为依明末刊本照样雕刻。（原文之功德人名等皆照刻，决无变动，似以原印纸页贴于木板上而刻者。）此中文字，曾与金陵流通本对校，完全相同。故知删节之事，似在明末，而非清代刻藏者所为也。又朽人昔曾检《弘教藏》中疏钞别行原本，与今流通会本对校，而补写其阙略处，已将《玄谈》校写毕。及详细披览，《玄谈》原本前数卷之钞文中所列之科文尚能齐全。《玄谈》后数卷中科文则多缺略，或竟全无。由此可知清凉[①]所撰之钞文原本中，于科文亦未完全列出。因有别行科文可以对阅，故不须一一列出也。后人或有鉴于此，因将清凉钞中前后所存列之科文亦遂

① 清凉：为清凉国师之略。国师名澄觀（738—839），字大休，为华严宗第四祖，以居清凉山（五台山）大华严寺著《华严疏钞》而知名。寂后被谥为清凉国师。

随意妄加删削，以减少字数，而省刻版之费用。此举虽是冒昧不当，但当时或尚有别行科文存在，似无大妨碍也。又彼等删节科文时，复变本加厉，顺便将钞文删去甚多。虽所删者多无关重要，但亦非所应为也。至清代刻藏时，别行科文似久已不传，刻藏者于此删节本不加详察，遂即依此照刻。以上所言，就朽人所忆记者随意测度，是否，未敢必也。道光年刊《玄谈》，存在泉州，不及检阅。或有忘误，且俟将来返泉州后，再详细检阅奉复也。尔来精神颓唐，惛愦日甚，匆匆复此，倘有文义讹误处，乞谅之，为幸。不宣

旧八月初八日　演音启

一〇

一九三九年端阳后二日 永春普济寺

圆晋居士澄览：

前复函，想已收到。兹寄上《汇解序》一纸，表二纸，为数年前仁者所托写者。丰居士书一纸，九月二十日发。又一纸，阳历十一月九日发，共五纸。丰居士之

前书，即作为画集续编之序文。此外再乞仁者及夏居士各撰序一首。丰居士之后书，可为仁者撰序时参考之用。以上丰居士之书，共两通（前一纸后者五纸）：已由朽人允许赠与性常法师。兹先寄至尊处。俟画集编辑既竟，丰居士之书两通不需用时，乞径寄交性常法师收受可也。又朽人之意，皆于丰居士后书中附注，乞裁酌之。《护生画集》初集及二集，皆由仁者主编，乞皆收入《莹庵丛书》中，以为永久之纪念。又丰居士发心画至六集为止（每十年一集）。三集之画七十幅，四集八十幅，五集九十幅，六集百幅。朽人不久即往生西方，此画集亦不中止。并乞仁者随时督促之。又丰居士于今年三月十六日寄来之信，亦述及此事，附以奉览。此信即存尊处，乞勿寄还也。

谨陈　不宣

端阳后二日　音启

附奉上《华严集联跋》二纸

一一

一九三九年旧十一月二十四日 永春普济寺

圆净居士文席：

画稿不久可由承天寺转寄到。朽人近来身体衰弱，天气亦寒，约须数月，乃可写就。仁等筹募之事，即可着手。此事决定进行，不能中止。以前所印画集初编，仍旧出版。佛学书局出版之英译画集，系依原稿所摄影制版者，极为清晰，与原稿无异。将来再制版时，画幅即可依此英文版翻制，与依原稿无异。原稿虽焚毁，不足忧也。初编中朽人题字，拟俟明年暇时再写一组寄上，以备新制版时改换，但文句仍旧不动，以保存旧迹。并为永久之记念也。丰子恺居士处，乞代为致书道谢，恕不另函。

夏历十一月二十四日　音启

一二

一九三九年冬 永春普济寺

圆净居士慧览：

朽人今岁世寿六十，即拟掩室习静（暂未能通信）。

关于画集事（第二集），乞与夏居士接洽一切。现在纸张人工皆涨价，稍迟出版无妨。但此续集将来必须出版，未可中止。朽人在世，可任书写。倘生西者，乞托丰居士书写可也（乞夏居士作序，无须再请马居士作）。

音启

一三

一九三九年 永春普济寺

圆净居士道席：

去秋，曾与开明书店夏居士商酌，欲重写《护生画集》题词，重制锌版之意。夏居士甚为欢赞。后以战事扰乱，未能进行。今拟请仁者与陈居士、夏居士商酌办法。鄙意略述如下。

一、画幅仍旧，无须重画。前夏居士有请丰居士重画之意。余以为丰居士现居广西乡间，通信往返甚为迟缓，拟即用前存于上海居士林图书馆原稿本之画幅，而重新摄影制锌版。所有旧版，一概废弃不用。

一、题词拟变改词句，及重书写。原本之词句有用者存之，否则改之。乞仁等先将古今人所作戒杀放生之诗句，广为搜罗寄下，由余斟酌选用。题句既定，即可着手书写。（此诗句乞托人用楷字书写，俾易辨识，不至讹误。）

一、马居士之序，亦乞重摄影制锌版。封面之字，亦拟重写重制版。

一、此画集原有纸版数套，一概废弃不用。新制纸版，拟分为大小两种。大者如开明书店所印，小者如佛学书局所印。以前佛学书局所印者，以大版印小册，甚不美观。余意以为若印小册者，应另制缩小之版而印之，庶可与纸幅相称合也。

一、泉州交通行长刘居士，欲得新制版一套，存在福州。因福州纸价廉而运费省也。刘居士谓锌版易于模糊损坏，欲得铜版一套（在上海制就运至福州）。即是以铜而代锌，全同锌版之制法。其价较锌版加倍。刘居士所欲得新版全套，括有封面、序、画、题词，及后附之戒杀文。其戒杀文应用铜版或他种，乞仁者酌之。余俟后陈。

演音启

一四

一九四〇年春分 永春普济寺

圆净居士澄览：

惠书欣悉一一。兹奉上《盗戒问答》稿一册，乞先付印。《南山律在家备览》一时未易着手编辑。兹拟先辑《南山律在家备览略编》一部，共三册。拟分三次出版。第一册《宗体篇》，第二册《持犯篇》，第三册《忏悔篇》《杂行篇》及附录。第一及第二册皆可单行。现已着手先编第一册《宗体篇》，约于农历四月五月间可以编就奉上。此略编虽不及广本完备，然已规模粗具，足供学者之研习矣。《宗体篇》所述者，为如何受戒得戒；《持犯篇》所述者，为如何持戒。故此二册，皆可各别流通。朽人近年来，精神大不如前，且时有小疾，《在家备览》广本，恐难成就，故先辑此略编；又恐不能完成，故令前二册皆可单独流通，即使仅辑成第一册，或仅辑成第二册，而命终生西，亦无妨也。战事于今年当可停止。其时朽人倘尚康健者，拟往厦门整理残稿。但校订抄写皆由朽人自任之，故难以速成也。

旧藏樽桑古版律宗典籍甚多，其孤本之佳者有十数部，亦须校订抄写乃可寄上也（现皆在鼓浪屿及厦门）。《比丘戒相表记》，前年由开明书店制锌版，极为精美，战事起时已毁失。如有因缘，能再制一套，存佛学书局尤善。前开明制版时，即用第一次石印本为底稿，而制锌版，但须十分精细注意，乃能得良好之结果。第一次石印本，在上海当可觅求而得也。印刷品似可邮寄。农历旧年底，夏居士寄来《行事钞记》二大包，已于元旦日收到。尊函所云印经事，宜早期圆成。但朽人因未能返厦，又无助理者，故难速就。今且随分随力编就一二；其未了者，俟当来回入娑婆时，必可赓续，圆满其业也。谨复

不宣农历春分晨　音启

一五

一九四〇年旧三月十八日 永春普济寺

圆晋居士莹鉴：

惠书诵悉。诸承关念，至用感慰。朽人近年已来，精力衰颓，时有小疾。编辑之事，仅可量力渐次为之。若欲圆满成就其业，必须早生极乐，见佛证果，回入娑婆，乃能为也。古德云“去去就来”，回入娑婆，指顾间事耳。《南山律在家备览略编》第一册《宗体篇》，至今晨已将第二次正稿写竟。尚须整理增删，然后再写第三次正稿。以前预计，四五月间可以将第一册稿本寄奉。近以目力不佳，精神恍惚，恐须延期至五月以后乃成就也。《南山年谱》①，于数年前已编就，今存鼓浪屿，仅有数纸。以后拟再编《灵芝年谱》②，材料甚少，亦仅三四纸。将来即附于《在家备览》第三册后也。《羯磨讲录》久已编就（共二册，或四册）。将来尚拟再为整理，乃能出版。《戒本讲录》，亦久编就（共二册，或四册），后半尚可用，

① 《南山年谱》：即唐终南山道宣律师年谱。
② 《灵芝年谱》：即宋杭州灵芝寺元照律师年谱。

前半须重编。以上两种，皆须俟编辑《在家备览》毕乃能着手。吾人修净土宗者，以往生极乐为第一标的。其现在所有讲经撰述等种种弘法之事，皆在其次。时节到来，撒手便行。决不以弘法事业未毕，而生丝毫贪恋顾惜之心。朽人以上所云编辑诸事，不过姑作此想。经云“人命在呼吸间”，固不能逆料未来之事也。余与仁者友谊甚厚，故敢尽情言之。乞勿以此信示他人，他人见者或为惊诧也。聂云台居士病状如何，以后来信时乞便中示及

谨复 不宣

旧三月十八日　音启

一六

一九四〇年旧五月十二日 永春普济寺

圆晋居士再览：

仁者致常师[1]书，诵悉一一。承询之事，其一册，为《行事钞》中一部分之科表，唯录旧科而已。其一册，为《行

① 常师：即性常法师。

事钞持犯方轨表解》之初稿，若欲出版，尚须精校重为编订。朽人近来对于自己之著作，不愿轻易出版者，一以凡夫情见僭为编述者，恐未能契理契机，必须先生西方，回入娑婆，乃可负荷弘法之重任。二因律学专门之撰述，出版之后，无人能读，难于流通。昔蔚如居士刻《南山律书》[1]近百余卷，除赠送之外，罕闻有人出资请购者。即赠送与人，读者亦希，仅藏置高阁耳。即如朽人近编之《南山律在家备览略编》，因普被在家人故，将来出版之后，慕名而请购者或尚有一二百人，若真能披读而研习了解其义者，或亦仅有仁者及古农、幼希数居士耳。近来自疾增剧，抄录《备览》仅及一半，约五十余页。尚有一半，未抄录。谨复 不具

音启　五月十二日

附一纸，乞于便中交夏居士为感。此次书写《备览》稿，颇为用心。每写一页，须一小时以上乃至两小时。附呈废稿十善法一纸。

---

① 唐道宣在终南山弘扬律宗，所著书称《南山律书》。

一七

一九四〇年旧六月十日 永春普济寺

圆晋居士莹鉴：

兹寄上画六十张，封面二张，扉页一张，字六十一张，马序一张（初集）。字与边，皆照原样制版。倘因字之笔画太细，不能制锌版者，乞先影印若干册，后再依此影印者制版可也（因影印者笔画皆自然加粗故）。每页下端之数目字，皆连制锌版。（其计数至一百，下为百一、百二等，不用百〇一字样。）共计一百二十一页（外国页数）。画幅上，偶有木炭起草稿之影子。摄影制版时，乞除去。其分甲、乙、丙等，悉依丰居士所标写者（见每画幅后上端铅笔所写者）。有四幅以朱笔标写者，系后寄来之画，由朽人随宜标写。画幅后面，上端，朱笔所标之一、二、三等，系画幅之次序，今已无用。其补题诗偈者，除学童之名以外，大约系丰居士所作，随宜署多名耳。

六月十日　音启

一八

一九四一年旧五月 晋江福林寺

圆净居士文席：

近以友人请住檀林乡中，结夏安居。故得与仁者特殊通信，发起一重要之事。以《护生画集》正、续编流布之后，颇能契合俗机，丰居士有续绘三、四、五、六编之弘愿。而朽人老病日增，未能久待，拟提前早速编辑成就，以此稿本存于上海，俟诸他年络续付印可也。不宣一一

音启

一九

《地藏菩萨本迹灵感录》已达五版，至用欢慰。《地藏十轮经》序品一卷，载赞叹感应之文甚多，乞仁者暇时披阅此经。（金陵版《大集地藏十轮经》，最善。序品以后，亦乞详阅之，当获益甚大。又《占察善恶业报经》，金陵版经并疏，亦地藏菩萨所说。惟此经说修唯识真如观法，不能通俗耳。连《本愿经》共三种，世称为“地藏三经”。

又《金刚三昧经》最后一品，金陵版，亦地藏菩萨所说。）择其通俗易解者，演为浅显之文及表记，则弥善矣。他经多称为地藏菩萨，唯有《大乘本生心地观经》，称为地藏王菩萨。以上诸经之外，他经中载地藏菩萨之名者，如《华严入法界品》四种译本。晋译六十卷内，唐译八十卷内。西秦别译，此品名《佛说罗摩伽经》。唐贞元别译，此品名《普贤行愿品》，皆载地藏菩萨之名。但西秦译曰“持地藏菩萨”，晋译曰“大地藏菩萨”。贞元别译《华严十地经》及《佛说八大菩萨经》等，皆有地藏菩萨之名。此外，又有《百千颂大集经·地藏菩萨请问法身赞》一卷。又秘密部亦有载地藏菩萨者，兹不具录。朽人受菩萨慈恩甚深，故据所知，拉杂写出，以奉慧览。蕅益大师[①]《灵峰宗论》中，屡有关于地藏菩萨之著作，亦乞仁者披阅之。《续藏经》中，有《地藏菩萨发心因缘十王经》，此是伪经，不宜流布。问地藏菩萨经中，亦有往生净土之言否？答：有。今略举之。秘密部《地藏菩萨仪轨》云：“地藏菩萨说咒已，

① 蕅益大师（1599—1655），名智旭，一名素华，明末四高僧之一。著有《阅藏知津》《灵峰宗论》等。

复说成就法。若念减罪生善，生身后生极乐，以草护摩[①]三万遍。”

《地藏十轮经》云：

“当生净佛国，导师之所居，乘于无上乘，速得最胜智。”

又云：“当生净佛土，远离诸过恶，住彼证菩提，令离诸瞋忿。”

又云：“如是菩萨福德智慧速疾圆满，不久安住清净佛国。证得无上正等菩提。”

又云：“速住净佛国，证得大菩提。”

《占察善恶业报经》云：“地藏菩萨言，若人欲生他方现在净国者，应当随彼世界佛之名字，专意诵念，一心不乱。”

如是观察者，决定得生彼佛净国。善根增长，速获不退。故蕅益大师依《占察经》立忏法，谓欲随意往生净佛国土者，应受持修行此忏悔法。忏法中发愿文云：

“舍生他世，生在佛前。

面奉弥陀，历侍诸佛。

① 护摩：印度梵语，意为焚烧，即烧火投物其中的火祭，是密宗常行的修法之一。

亲蒙授记，回入尘劳。

普会群迷，同归秘藏。”

又忏法有四部：

一、《占察忏仪》本名《占察行法》，附义疏后，亦有单行本，武昌印一册。

二、《梵本地藏忏愿仪》扬州版一册。此二种为蕅益大师作，最善。

三、《地藏忏仪》杭州版一册简单可用。

四、《梵本地藏忏》扬州版三册，太繁杂。

演音白

致姚石子

姚石子　一八九一～一九四五，名光，号复庐，江苏金山人。曾继柳亚子之后为南社主持人，与弘一法师为南社旧侣。晚年学佛，藏书甚富，建国后其子悉以捐献上海市文物保管会。

撰有《复庐聚书献书记》。

一九二八年 上海

省书，承仁归信佛法，至可赞喜。辄依鄙见，择定应用经书若干种，录之如下。

《印光法师文钞》

法师今居普陀，昔为名儒。出家已二十余年，为当世第一高僧。品格高洁严厉，为余所最服膺者。《文钞》之首，有余题辞。又新版排印《安士全书》（为上海佛学推行社所印送，仁者如无此书，请致函索取）。第二本末页，附录余撰定阅《印光文钞》次序表。依此次序阅览（但表中所记一圈者及无圈者，可暂缓阅），自无扞格不通之虞。请先阅文钞第一册《论》第十六页《佛教以孝为本论》。又第二册《书》第三十四页以下《与卫锦洲居士书》及《覆泰顺林介生居士书》三首。因此三首，与仁者近处之境，关系最切。

《灵峰宗论》

为明灵峰蕅益大师文集。近古高僧中知见最正者。先阅此种，自不致为他派之邪说所淆惑。集中文字，深浅互见。凡净宗、禅宗及天台、贤首、慈恩、密宗等，皆具说之，非专谈一法也。可先阅法语及书信二类。但初学亦不能尽解，当于阅时自择其所解者先阅，其难解者不妨暂缓。集中文字，篇幅不长，各为起止，不妨跳跃阅览。初阅佛书者，必不能一一尽解。但渐渐修习，其不解者亦可通晓。万不可急求速效。又集中卷四之二第四页《孝闻说》，卷六之一第十一页《广孝序》，卷七之四第三页《建盂兰盆会疏》，可先检阅之。

《释门真孝录》

专辑佛祖经书中论孝亲事者

《竹窗三笔》《山房杂录》《云栖遗稿》

皆笔记之类，可以随时择阅数则。

《选佛谱》《选佛图》

如世间千官图之式。常常习掷，自能通达佛法门径。谱为说明者。此作利益甚大，且饶兴味。妇孺尤宜劝其常常掷之，以种善根。

《佛教初学课本》《释教三字经》

皆记佛法之大纲，甚为简要。

《释迦如来应化事迹》

为释迦之历史，附有图甚精。

《安士全书》

扬州旧有木版二套。近由上海佛学推行社劝募印送，已得四万余部。是书宜雅宜俗，人谓救世宝典，良不虚也。

《佛学撮要》《佛学初阶》《佛学起信编》

《佛学指南》《六道轮回录》《学佛实验谈》

皆丁福保编，极浅近，且有兴味。凡有不信佛法者，可劝其先阅此类。

《南无阿弥陀佛解》等三种

为学佛者最切近之书，内有余之字迹数幅。

《佛学问答》略示佛法之大要

《新版净土四经》可备读诵

《弥陀经疏钞撷》为解释《阿弥陀经》最浅近之书

《观经图颂》为观无量寿佛图

《笼舒净土文》《净土晨钟》《径中径又径征义》

此三种皆劝人修净业之作，最详明切要。

《归元镜》

依净宗三祖之传记，撰成戏曲之本，最有兴味。

《往生集》净宗往生者之传记

以上八种为净宗入门之书。净宗者为佛教诸宗之一，即念佛求生西方之法门也。此宗现在最盛，以其广大普遍，并利三根。印光法师现在专弘此宗。余亦归信是宗。甚盼仁者亦以此自利利他也。他如禅宗及天台、贤首、慈恩诸宗，皆不甚逗现今之时机。禅宗尤为不宜。以禅宗专被上上利根，当世殊无此种根器。其所谓学禅宗者，大率误入歧途，可痛慨也。

《极乐庄严图》《西方接引图》（皆阿弥陀佛等像）

《释迦佛坐像》《地藏菩萨像》

此四种皆佛菩萨像，宜悬挂供养，可在阿弥陀佛像二种中，择挂一种。

《地藏菩萨本愿经》可备读诵

以上所记之经目，为初学佛法，人事纷繁，未能专力修习者，所应用之书。一以其册数无多，一以其篇章多不前后承续，可以暇时随意阅一二叶，不必从头至尾用意研味也。若再进一步修习，下记数种，可以请阅：

《诸经要集》

分类辑录诸经中之要义但多属事相，不难了解。

《念佛警策》

择录净宗诸家之语录，甚精要。

《彻悟语录》与《梵室偶谈》合刊。

《偶谈》即《灵峰宗论》中之一种，大半劝修净业之语，事理圆明。

《净土十要》

印光法师盛赞此书，但多未宜于初学。若初学者，可先阅其中《十疑论》《净土或问》《念佛直指》三种。此外则随分随力斟酌阅之。

《无量寿经义疏》《观经四帖疏》

《阿弥陀经义疏》《行愿品疏节录》

皆前列净土四经之注疏。可先阅《四帖疏·上品上生章》之疏文，续阅《阿弥陀经义疏》，然后再阅其他。

《佛说无常经》

为印度僧众常讽诵者。卷首余有序文。

《在家律要》

既修净业，宜兼持戒律，可先阅此书，较易了解。

《阅藏知津》为藏经目录提要。

《佛学大辞典》搜辑甚富，可备随时检查。

《因是子静坐法》续篇

常州蒋维乔著。前年著正篇，多依道教。今著续篇，纯依佛教，补救前愆。若有愿习静坐者，可阅此书。但专念佛者，不习静坐无妨。又有蒙同善社之诱惑误入歧路者，宜速劝其阅此书以纠正之。

佛法广大，如天普覆。无有世出世间一法能出其外者。故儒、道、回、耶诸法，亦可云属佛法毫发之少分，但不如佛法之究竟耳。是以比年以来，吾国佛法昌盛，有一日千里之势。士夫学者，究心于斯者尤众。随其根器之上下，各随分获其利益。譬犹一雨之润，万卉并育。噫，伟矣哉！

仁者为亲诵经，谨为拟定日课如下：诵《阿弥陀佛经》一遍，往生咒三遍，念南无阿弥陀佛最少百八句，后诵回向文三遍。回向文代拟如下："愿以此功德，回向亡母高太恭人。（若为亡父或他人者随改。）惟愿亡母业障速灭，早生西方极乐世界，见佛授记，普度众生，尽未来际。并愿法界有情，同圆种智。"此课约在四十分钟以内。若念佛多者，则时间亦增多，可随力为之。又《地藏菩萨本愿经》，亦宜讽诵。若人事纷繁，每日可仅诵一品，约三十分钟以内。若稍暇，每日可诵一卷，合数日诵完一部。每日诵毕，亦诵回向文三遍，文同上。若更愿诵他种经者，如净土四经中之他三种，皆可诵，继诵回向文亦然。如不能常茹素，每晨粥时可茹素一餐，名曰吃早素。仁者可以是广劝他人。此事甚不为难，常人皆可行之，亦可以此种善因也。又不宜买活物在家中杀戮。若需食者，可买市上已杀之物。如是虽食荤腥，亦可减轻许多罪过。若发心茹素者，可先每月二天，即十五日及三十日（或月小则二十九日）。若再增加，每月四天，则增加初八及二十三之两天。若再增加，每月六天，即增加十四及二十九（或月小则二十八日）之两天。于每月六斋日茹素，功德最大，具如佛经广明。附寄旧书《佛三身赞》等三种各一册，敬以奉赠。如愿付印，卷尾空白之处，可自加题跋。又书佛号一幅，愿以此功德，回向令亡母。又旧书菩萨名号一幅，署款奉呈。又寄莲池《戒杀放生文》一册，《印造经像文》五册（余定其纲要，属尤惜阴撰述）。戒杀放生招贴三纸，统希收入。又石印拙书数种，请转赠吹万居士[①]。余于二三年来，发愿未写之经典，尚有十数种。秋凉之后，将继续书写。仁者如需用，俟写就当以奉赠。

率复不具

石子居士礼席

僧胤疏答

① 高吹万（1879—1966），名燮，江苏金山人，为姚石子之舅，南社耆宿。所著《武林新游草》，李叔同曾为其题签。

致胡宅梵

胡宅梵 一九〇二～一九八〇，名雄铨，浙江慈溪人。

弘一法师驻锡慈溪金仙寺时，亲近法师多年，闻因宅近梵宇，法师为其起名曰宅梵。

一九三〇年，胡氏秉笔为记《弘一大师之童年》。

一九三一年撰《弘一大师精选读书录日省录序》。

一

一九二九年除夕 上虞法界寺

胜月居士慧览：

惠书诵悉。承施教观释义记，敬谢。

是间天气不甚寒，恒在四十五度以上，惟写字仍未宜耳。小联等俟稍暖写奉。

诵经见光明，是征仁者夙根甚深甚深。又能以不喜不惧对之，可谓千妥万当。至为忻慰。《印光法师文钞》，乞从首至尾详读一过，择其要者圈出。依此修持最为稳妥。决不至有着魔等事。又《彻悟禅师语录》亦甚佳，仁者如尚未阅览，乞托沪友向功德林请觅，乞云每部二册者，因此书有数种版。其每部一册者，为略本，其每部二册者为完全本。此书甚佳，乞详阅之。后附《华严要旨》，至为精要。乞详研，当可知《华严》八十卷之大意。

《格言》拟请仁者抄写。附挂号寄奉，乞收入。案此书，应定名称为《明薛文清公读书录选》。附《清三韩梁瀛侯日省录选》。以前为主，以后为附也。其具名，于书中，仍用贤瓶道人。倘仁者等意欲标出弘一之名，令读者生郑重敬仰之心者。则请仁者撰一序文，冠于卷首，将弘一之名序入可也。

正月二十左右，即动身往甬。或稍可勾留。大约在正月底，二月初旬，或中旬，即可到法界寺也。俟到寺时，再以函闻。惟其地甚幽僻，信函须辗转传送，经多日，乃可达耳。草草奉复，不宣。

《格言》抄写毕，乞将原本付邮挂号，寄法界寺为感。

除夕　音疏答

新年天气较暖，为仁者书写佛名及小联，附寄奉。又寄地藏菩萨像一轴，敬赠道静居士。

正月初二日　又白

二

一九三〇年十二月初十日 温州庆福寺

宅梵居士慧览：

昨诵惠书，忻悉一一。

《表记》觅得一册，附挂号邮奉，并奉上《莲宗正传》、《念佛十大利益》各数份，乞转施道侣。

是间自昨日天气骤寒，故手僵不能作书。照像须俟春暖可以印就（李居士来函所云）。在甬晤洪居士，有诗录二纸。今以一纸奉赠仁者（为李居士手写）。其朱笔改写者为彼第二次稿所自改正。来书所云修持方法，甚善，是征宿根深厚也。

月名别纸记写。天寒草草。复此不宣

音答　十二月初十日

附寄了义法师款小联，便中乞送至金仙寺面交了义法师手收。又一笺，乞交慧律和尚为感。又《华严经疏论纂要》照片，为上海日本报纸《每日新闻》于新历一月十六日夕刊所登载。谨赠仁者。并乞转早慧律和尚一阅。日本人对于此书如此郑重赞叹，弥见此书可珍贵矣。

三

一九三〇年旧十二月二十二日 温州庆福寺

宅梵居士鉴：

前上函片，想悉收到。明春约于正月下旬，即往法界寺，整理书物，及料理一切未了之事。以后惠书，乞暂寄百官横塘庙寿春堂药店转法界寺弘一收。法界寺距横塘甚远，信件须经多人之手，辗转传递。故虽挂号，亦不免遗失。至印刷品之小包等，乞勿寄来，因送递甚不便也。因不久或即他往也。顺颂

法喜

音启白　十二月二十二日

温州气候多在四十余度。但写字仍未合宜。

嘱写之小幅，俟和暖时再写奉。缓缓另觅妥便寄上。

四

一九三一年正月十九日 温州庆福寺

胜月居士慧览：

元旦惠书诵悉。兹条答如下。

余不久将遁迹远方。唯仁者之处，可以通信。其他友人处，若无十分要事，即无音问矣。

《本愿经白话解》，余愿负责鉴定，力助流通。《赞佛谱》，当缓缓随缘编辑。所定功课，大致妥善。出家前后之作品，皆分散，不足流布。佛像图章，多为他人所镌，

暇时盖印奉览。上海佛学书局有赠书会（见目录之道，其章程甚善），每年会费一元，可得赠书多种。若一次纳费十元，即可永为会友矣。尊邑人士有愿发心入会者，乞为介绍（其汇款可以由民局汇去）照像，俟李居士寄到，即挂号邮奉。

余近年来，目力昏花，已不能作工细小楷。兹觅得十年前旧书《十大碍行》一页，以赠仁者。旧藏周居士家中，今商请转施与仁者。他年如有善缘，可以付印流布。九年前，已付石印一次，久已送完。并制锌版存佛学书局，永久印刷流通，但迟迟未妨也。

今年四月，为余之亡母七十冥诞。拟印地藏菩萨像赠送，并流通，以为纪念。仁者前云之印刷格言歌谱等，皆可缓缓为之。惟印地藏菩萨像事，拟以奉托仁者。即以前赠与道静居士之像为底本，将道静之上款删去。用纸覆之，以付石印。石印不能留版，锌版可以永存。并缩小制锌版大小数种，大者约一尺长。小者如明片形，存贮佛学书局，永久印刷流通。窃谓寻常流通地藏菩萨像，旁有二侍者，似未合宜。今由余删去，仅有菩萨像一尊，甚为庄严，故愿此像永久流通也。

附奉朱书小横幅一张，乞收入。明晨即拟动身往甬，今匆促书此，不具一一

正月十九日　音疏

五

一九三一年旧二月二十三日 上虞法界寺

宅梵居士慧鉴：

惠书及《格言》册均收到。《二十八利益》，写奉。《地藏菩萨本愿经白话解》，无须太忙迫。俾寄尘居士可以详细校改。又余虽往闽南，仍可常常与仁者通信，商量此书之事也。

再者，余自今后，拟减少通信处。唯有仁者等数处，常常通信。此外则皆暂止。如金仙寺亦幻法师处，亦暂不通信。倘以后彼与仁者晤面时，询问仁者常通信否。仁者可置之不答。仅云弘一意欲遁世埋名，难于劝阻，

止可任其自然，云云。此外皆不必多谈，亦不须说妄语也。

旧友堵申甫居士福铣，五年前曾为尊邑县令，仅数月，即免职。近由尊邑绅众上书，敦请堵申甫居士重为县令，可见政声甚好也。仁者如至城内，可以访彼一谈。彼与余交谊甚厚，品学兼优，可与之为友。不须由余介绍，仅由仁者于名片上自写弘一友人字样。谨复，不宣。

居士仁者等称呼是泛泛通称，乞勿介意。

二月二十三日　音上

六

一九三一年四月十三日 上虞法界寺

胜月居士：

近阅玉山陶觉所编《箴言类钞》。以彼自己所作之格言，夹入古人著作之中，混杂紊乱，阅之令人不快。余意以为彼自己所作者，即使果足以媲美古人，亦应附录于后，以示谦德，可也。此种混乱编辑之法，断不可摹仿。若如是者，将贻讥于世耳。

四月十三日　音白

七

一九三一年旧二月二十九日 上虞法界寺

胜月居士：

惠书诵悉。题名签，先写奉。《澹宗》题词，来书未说明其意。是否属余为之书写。乞再详示，当加墨也。（此词是否为仁者所撰，亦应记入。）像之下方无名，不妨。前函附寄《二十八利益》，副署拙名。可志记念也。

《二十八利益》，排于像下之距离格式地位及大小，乞托商务编译所中精通美术者审酌排列为宜。仁者以后印刷品，宜常与上海李圆净居士言之。彼或附印赠送也（托黄幼希居士介绍）像印就后，乞各寄十页。又他书印就，亦希随时寄示。不宣

旧二月二十九日　音复

八

一九三一年旧三月一日 上虞法界寺

胜月居士慧鉴：

惠书诵悉。大字写就附奉上。稍迟，由上海寄上《地藏菩萨圣德大观》一包，乞赠毛、叶诸居士可也。仁等欲多得此书，乞向上海狄愚威路口宝安路永兴里底李圆净居士处迅速请求。彼即可寄上也。

念佛偈，甚佳。仁者所撰此类诗偈，宜汇编一卷，由佛学书局出版流通也。

返金仙尚无定期，因此间讲律之事犹未了也。永明会款，想已就绪。普悲师行踪无人知者，天台僧众亦不知，甚可疑虑也，不宣。

三月一日　演音启

九

一九三一年三月初九日 上虞法界寺

宅梵居士慧览：

惠书诵悉。条答如下。

《澹宗》题词，仅写八字。

因余衰病，不能构思，乞谅之。

《华严经旨归》亦说《华严大意》，惟文义深耳。

《妄尽还元观》甚佳乞详读其中一种亦佳，但太深奥。此三种，皆贤首国师之作，极有盛名。

仁者欲决定创办此善举，须将余之名列入为赞成人。余向来列善举之名，今以仁者诚意，故言之。俾堵居士及尊邑信佛法诸居士皆生忻乐心耳。兹写致堵居士一函，乞于访问时面交。余处即不另寄。堵居士任职学界二十余年，向恶作官。第一次至尊邑，亦因蔡孑民推荐甚力。乃仅二三月即返杭，仍在大学任事。此次系由尊邑绅士之请求，非彼有意欲为吏也。彼为人甚清高，仁者与之谈，当可相契。

论学小记，能否选编，不能定。后再酌之。仁者与道静居士信时，乞代为致谢赠书。道静居士所示排印之式甚好。

上海佛学书局近发心欲将余之写经等多种付印流通。前存尊处之《十大碍行》，乞交胡寄尘居士转送佛学书局。用毕，仍寄还存尊处。不宣

三月初九日　音复

我辈至好，代阅信亦无妨，乞勿介意。照相二纸，附奉。

十二日　附白

一〇

一九三一年旧三月二十三日 上虞法界寺

胜月居士：

惠书诵悉。注经圆满后，即往申商订一切。甚善。地藏像，如佛学书局愿别印，存局流通者，则将此锌版存佛学书局为宜。俟仁者至申时，与书局主任沈彬翰居士面谈可也。范古农居士专管编辑。至印刷发行等事，则沈居士主之。余于十数年来，所写之佛经，及联幅等近二十种，今由佛学书局络续影印。半年内约可印毕，即由书局定价流通。亦可谓胜缘矣。

余于去秋大病一次，未能复元。本月初旬又患病，近已愈。精神气力，远不如二年之前。应是已入老境矣。《地藏经》，由寄尘居士修改后，再托彼转请印光老法师修改鉴订。然后再由余略为校阅。因余精力衰颓已极。稍用心思，即难以支持。故须请印光老法师为之负责鉴定，余惟附名而已。

书稿第一页列名处，先不必写。俟请印光老法师改正后再写。其式如下：

印光大师、弘一法师　鉴定：

泾县胡□□寄尘校相订　余姚胡惟铨宅梵演述

草草拟定此式，未知可用否。乞再与胡寄尘面商之。

书中解释“地藏”二字之义，仍依科注等书为宜。以符述而不作之义。略复 不宣

旧三月二十三日　音白

托印光老法师修改时，乞请范古农居士写信介绍恳求。老法师现居苏州某寺，古农知之。余处则多年不通信矣。

一一

一九三一年旧四月十三日 上虞法界寺

胜月居士慧鉴：

二十七日惠书诵悉。木刻经签，亦收到。《地藏菩萨本愿经白话解》，撰述功德圆满，欢赞无尽。圣像同日寄到，是实不可思议之感应也。朝九华事，朽人甚愿随喜。

堵居士来函，对于尊乡善举，甚为赞成。

来书所云，研白斋同人愿刻朽人所著经文云云。未知指何种而言。或是佛经之注解，或是与佛法有关系之文字。便乞详示。

《本愿经白话解》，由寄尘居士改削之后，拟先乞寄余略阅一过。然后再寄范古农居士作介绍信寄与苏州印光法师鉴定改正。俟其鉴定改正后，再寄与余为最后之鉴定，为宜。再者，如寄与余阅览时，乞将《演孝疏》同时寄下，因余处无此书也。

昔历四月十三日　音疏

一二

一九三一年旧四月二十四日 上虞法界寺

胜月居士慧览：

惠书忻悉一一。余近在法界寺，心未安宁。颇思他往（此或是佛菩萨感应）于本月二十一日（即亡母冥诞日）书写数签拈之。即拈得往五磊寺之签。其时余决不知栖莲法师往彼主事也。故即写信片，通知仁者。至次日，即二十二日，乃有友人来此，即托彼付邮。而此片付邮之日，即是仁者写信与余告知栖莲法师住持五磊之日（仁者之信尾写二十二日），因缘巧值，诚不可思议也。余始颇以为与五磊寺老和尚无有深交，若往彼居住，或有不便。今得尊函，乃为释然。可见世事皆有一定因缘，非凡夫之心所能预拟妄测也。

《读书录》样本，菩萨像，皆收到，印工甚佳。

《灵峰警训》即着手选定。俟下月初，倘自己无暇抄写，当携至金仙寺乞仁者代抄也。

身体近已康健，乞勿念。

印章、书签，不久即可写奉。余现在，候上海刘质平居士来法界寺，接谈出版之事。大约月底月初，刘居士即可来此。若早来者，余拟于二十八日至金仙寺，至二十九日可以送栖莲法师进院。若迟者，或至端阳节后，亦未可知也。先此略复，余俟面谈。

四月二十四日　音白

一三

一九三一年旧四月三十日 慈溪金仙寺

胜月居士：

前函想已收到。上海刘居士约于旧历五月初五日到法界寺。大约初八日一同动身（或初九日）。惟行李甚多，天阴雨则未便。必须天晴乃可动身。倘阴者，则更须顺延期日也。将入黄梅时节，阴雨必多。蕅益大师《警训略录》已编好，并于昨日抄好，共六页。俟面交。余拟先到金仙寺，后再移住五磊寺。此达

四月三十日　音上

一四

一九三一年旧六月十八日 上虞法界寺

今夕由佛学书局寄到名香一大包，写明代寂月寄者。或是毛居士所惠施。乞于便中通信时，代为致谢。明日适逢观世音菩萨圣辰，因缘可谓奇巧。仅以一束送至本寺，于今晚及明日供养菩萨。可令施主得福甚多也。

谨达 不具

旧六月十八晚　演音上

一五

一九三一年旧七月上旬 慈溪五磊寺

胜月居士：

余于近二月来，因律学院事牵掣逼迫，神经已十分错乱不宁。披阅书籍，往往不能了解其义（昔已解者今亦不解），几同废人。现拟静养治疗，未知能复元否。前属校阅之稿本，一时殊难用心披览。拟请仁者先托古农居士转乞印光老法师详细校阅。以后再由余大略草阅一次可耳。《集联》一册附奉览。

《云栖警训略录》及《灵峰警训略录》二种，研白斋似一时不及印行。拟请仁者先将草稿寄与古农居士。倘佛学书局愿印行者，先由彼处印之为宜。

诸乞酌之 不宣

音启

一六

一九三一年旧七月中旬 慈溪五磊寺

胜月居士：

惠书诵悉。承施药，甚感。《读书录》等二种，别作单行本为宜。交佛学书局广印，由彼流通，则可广布也。其云栖、灵峰等，乞仁者合编四大师警训，另作一种流通。因释与儒合为一书，究不相宜。故应分为二部，别行之。余于旧历八月，或先至金仙寺作结束，然后南游。或由此径往南洋，亦未可知。谨以预闻。

演书疏

一七

一九三一年旧八月上旬 慈溪金仙寺

惠书诵悉。放生池已开工，甚善（像赞乞照书）忏法以《占察义疏》后附之《占察忏》为最好。余自出家以来，常礼此忏也。如以为诸佛拜数太多，可以总礼。承惠寄书一包，甚感。《地藏大观》如仁者尚欲多得者，乞径告陈无我、李圆净居士，必可寄奉也。谨复 不宣

演音启

一八

一九三一年旧十一月上旬 慈溪五磊寺

胜月居士：

顷幻法师来，承悉尊候调适，甚慰。余之宿疾，近亦渐愈矣。五磊寺道风日益胜进。过午不食者，已有八人（内有十三岁之在家童子）。十九日大众于大殿，同发愿一次。皆燃臂香。近来由大众自动的，每日增加念佛二次（早饭后，午饭后），此种情形，实为全国所希有。仁者将

来暇时，仍希来寺小住。因与善友同居，则道念自然增进。所谓近朱者赤也。谨复　不宣

音启

一九

一九三一年旧十二月　镇海伏龙寺

承寄样书二册收到，敬谢。显真师前寄所录一册，已阅毕，附挂号寄上，乞便中转交。并乞告彼云。此书甚好。以后暇时，可以专录自己所撰者别为一册，凡古人成句，或即古人文义而广演成章者，皆不录。再由余删定修饰，颇可流通也。谨陈　不宣

演音启

二〇

一九三二年春　镇海伏龙寺

两奉惠书，诵悉。未来无定。暇时希来山一游，本寺诚一法师[①]亦常忆念仁者。贝叶尚有数叶，存在金仙寺

① 诚一法师，为镇海龙山伏龙寺住持。

卧床旁之衣橱中上层，经书之后面，乞仁者自己检出。此物余无所用，统乞仁者携去。但此叶受潮气即生斑痕，乞慎之。已有黑污处，乞以干毛巾拂之。

谨复 不具

演音启

二一

一九三二年三月十四日 慈溪金仙寺

胜月居士慧鉴：

惠书忻悉一一。仁者所云，身毛耸竖，悲忻交集，及厌弃尘劳专乐佛法等，皆是宿世善根发现，的确无疑。仁者自归信佛法已来，种种经过情形，可验仁者多生已来，所植善根，甚深甚深。于道侣中，殊所罕闻。惟愿自今以后，脚踏实地，不求玄妙，不求速效，稳稳妥妥，如愚夫愚妇用功之形式做去。越是利根人，越须用笨拙之工夫，如是则千稳万妥。临终决生西方，成就菩提大愿。《印光法师嘉言录》，宜常常阅览，依此而行，决无错误。至嘱，至嘱。

毛、叶二居士，宜于佛前自誓受三归依（誓文别纸写），法名即酌用前者。

所云去义切要之说，甚是。

以后《佛学半月刊》中，如有登载拙书出版者，乞随时示知。

范居士寓嘉兴月河，但未知近来是否迁移。

放生事甚善。余一时未能至金仙。

写件俟觅便奉上。谨复 不宣

三月十四日　演音启

附录别纸写誓文

我弟子□□□法名□□，从今时，发净信心。乃至坐菩提场，成等正觉，誓归依佛，二足胜尊。誓归依法，离欲胜尊。誓归依僧，调伏胜尊。如是三宝，是所归趣，三说。宜在佛前供香烛，及其他等供养物。

二二

一九三二年三月十七日 慈溪金仙寺

宅梵居士：

前复函，想已收到。尔来精神不佳。胜鬘偈草草写奉，聊为记念可耳。佛像二叶奉上。其题篆文者一叶，由仁者受收。其未题者，乞转寄与李鸿梁居士。因彼近来搜集古像，故以此赠之也。李居士通讯处为“绍兴第五中学”。乞由民局寄下署仁者之名，赠与。谨达 不宣

三月十七日　演音启

二三

一九三三年正月十三日 厦门万寿岩

胜月居士慧鉴：

是间气候甚和，天晴出外，着夏布大衫，执伞，与重阳前后相似也。近作二偈，又郑智仁居士诗二首，附写奉览。《读书录》略录本，虽尚未装订，乞检一份寄与郑居士温州谢池巷三十二号郑伯焜（皈依芝峰法师，法名智仁）。

显真师及苏居士想甚安宁。乞为致候

正月十三日　演音启

虞愚居士问书法妙义为说二偈：

文字之相，本不可得。以分别心，云何测度。

若风画空，无有能所。如是了知，斯谓智者。

智仁居士诗

智仁年三十，自幼习贯，不学而能诗，是宿慧也。初披读《离骚》，若旧已习诵者，能一一了知也。

题胜月吟媵

莽莽神州里，斯文孰起衰。

沧江明月夜，何幸读君诗。

题罗阳选胜录

惯携蜡屐踏烟潭，绝妙诗情画里参。

浊世谁知山水乐，况添高咏继环庵。

二四

一九三三年旧四月 厦门万寿岩

惠书诵悉。所言甚是，至用忻慰。余因泉州寺内驻兵，一时未能动身。以后通讯，仍寄厦门妙释寺转交

谨复 不宣

音启

二五

一九三三年旧五月初旬 泉州开元寺

胜月居士：

惠书诵悉。序文久已寄去。题签之事，书局无有信来通告，今为写一纸奉上，乞转交。前闻友人云，佛学书局出版之书，错字太多。此次《白话解》排印时，乞托何居士特别精密校对，至要。谨复 不宣

演音启

二六

一九三三年旧五月二十三日 泉州开元寺

宅梵居士：

来开元已半月。《寒笳集》稿，前已寄交沈居士，不久可以印出。仁等需若干册，乞即函告。何居士直寄也。前存金仙寺书架内，有《蕅益大师年谱》草稿一册，系日本制棉纸，面画黄线，中国式装订。便中乞检出寄下。又地藏菩萨像，亦乞再寄数纸。附笺，乞交毛居士。

不宣

五月二十三日　演音启

惠书寄厦门转泉州府城大开元寺

二七

一九三三年闰五月中旬 泉州开元寺

承托佛学书局转寄惠各书，至用感谢。余近来衰老日甚，前日又咯血，故拟不久往山中静养。未能来浙江也。倘有友人向仁者询问余之近状，乞以是告之。至于通信及写字等，暂须停止，俾便静养耳。谨陈 不宣

演音启

二八

一九三三年旧七月 泉州开元寺

由广洽法师转交之函，昨日始带至泉州。披诵，至用欢慰。所云甚是，足征善根深植，可庆可喜。他人研习读诵《华严》一二十年者，亦罕能有此妙论。仁者是有宿慧也。以后暇时，乞阅《华严悬谈》一遍，当更有得也。又《普贤行愿品别行疏钞》共五册，极精湛，亦乞请来详阅。

余以本寺挽留，须稍迟乃能动身。

《地藏经白话解》及《澹宗》出版时，乞寄开元寺为感。又《佩玉篇》《读书录》选本等，今仁者之处已存无多，而他人颇有欲得者。拟请仁者与何居士商酌，代为募印若干部。并可请佛学书局附印，以流通也。谨复

音启　泉州开元寺

二九

一九三三年旧十一月 泉州开元寺

惠书诵悉。别号，甚好可用。《清凉歌》，由他人主管，余不便催促也。显真法师信，已收到，晤时乞代告。自来闽后，未知苏居士消息，仍在金仙用功精进否

谨复 不宣

演音启

三〇

一九三五年旧十一月一日 泉州承天寺

胜月居士慧鉴：

居惠安海滨半载。前日到泉州。（因寺主辞职，乃随之移居草庵。以后通讯，仍寄厦门南普陀寺广洽法师转交。）晤广洽上人，乃获披诵来书，忻悉一一。

《晨钟集》编辑甚善。又以前余编之《佩玉篇》即《读书录》等选本，及锌版阿弥陀佛直幅，两旁有仁者诗句，乞托何居士与沈居士商量，为之付印，在佛学书局流通可否。直幅仍用海月笺印为宜。谨达 不宣

旧十一月一日　演音启

三一

一九三七年六月十三日 青岛湛山寺

宅梵居士道席：

惠书诵悉，至用忻慰。书端字写奉，乞收入。朽人近来朽衰日甚，约于中秋返厦门掩室念佛，求早生西方。来示所云，愈老实愈稳妥之言，诚然诚然。

谨复 不宣

六月十三日　演音疏

致林赞华

林赞华，生卒年不详，浙江温州人，法号智明。

曾在南京教育界工作，参与过中国佛学会研究活动。

一

一九三〇年旧四月一日 泉州承天寺

赞华居士：

舟中晤谈，快慰无已，窃恨相见之晚也。不日将如皖中，附赉旧藏《四十二章三经解》一册，《华严三品》一册，《往生论注》二册，以结善缘。陈菁等三子，希为致念。江山夐绝，岂复委宣。

昙昉疏 四月一日

二

一九三一年正月十一日 温州庆福寺

赞华居士慧鉴：

前寄拙书一包，想已收到。前月曾由闽南佛学院苏居士寄赠与支那内学院[1]《华严经疏论纂要》一部，计四十八册。此书仅印二十五部，不敷分配。日本各大寺院图书馆索取者甚多。朽人现拟力为设法，总期使彼邦

---

① 支那内学院，系当时南京研究法相宗的佛教学术团体，院长为佛学专家欧阳竟无居士。

学者满其所愿。至吾国各处应分配者，或稍从缓，且俟将来续印时再寄赠可也。所寄赠与支那内学院之一部，想早由欧阳居士收到。拟请仁者向欧阳居士商酌，可否将此一部转施与日本，满其所愿。内学院专习相宗，对于《华严疏论纂要》之书似非重要，仅供高阁之陈列耳。倘荷慈愍，以此转施日本，则至用感谢矣。若蒙欧阳居士许可者，则乞仁者将此书取回，分为数包，用牛皮纸包好，付邮局挂号寄至上海北四川路底内山书店内山完造居士收。并乞惠复，寄宁波转百官横塘庙镇寿春堂药店转交法界寺弘一收。因朽人于三四日后即动身往法界寺也。种种费神，感谢无尽。不宣

旧正月十一日　演音疏

三

一九三一年三月二十日 温州庆福寺

智明居士慧览：

惠书欣悉一一。尊社已建立成就，至用欢慰。附挂号寄上拙书佛号一页，供养社中，以志赞喜。又旧写《四十二章经》二种，合装一册，亦奉赠仁者，以志纪念。并奉上印本佛书数册，统乞收入。乞仁者检是中《五戒相经》一册转送与云雷居士。上海狄思威路口宝安路永兴里底一号李荣祥居士处，有石印拙书数种，赠送仁者。如愿得者，乞致函索请。近来极忙，与昔年居永嘉时大不同矣，一时未能返瓯也。略复不备

三月二十日　演音启

附录语及跋文：

是故精勤持净戒，不着尘垢如莲华。

《大方广佛华严经入不思议解脱境界普贤行愿品》偈颂句。

于时庚午十二月，赞华居士住新都，读诵般若。

集书以奉。永宁大华严寺智炬院沙门胜髻。

致李晋章

李晋章　一八九五～一九四五，名麟玺，后改名矫，字雄河，为李叔同次侄。

生前曾服务于天津农业银行，精篆刻。

弘一法师出家后所用印章，多出其手。

此信写于一九三一年旧五月八日，是年法师手书大字《阿弥陀经》十六幅，题云：

岁次壬申六月，先进士公百二十龄诞辰，敬书《阿弥陀经》，回向先考……

一

一九三一年旧五月八日 慈溪金仙寺

晋章居士：

寄上写经一包，乞收入。其中《梵网经》多二册，乞转赠幼樵、品候二居士为祷。今年六月初五日为令祖百二十岁冥诞，仁者应写经回向，如何。

谨达 不具

五月八日 演音启

二

一九三二年旧十一月二十八日 厦门妙释寺

晋章居士：

惠书诵悉。属写各件，俟稍迟书就，一并寄奉。数年前上海报已载余圆寂之事，今为第二次。记载失实，报中常常有之，无足异也。厦门天气甚暖，余唯着一件布小衫，一件夏布大衫，出门须执伞，与津地八月底天气相似。榴花、桂花、白兰花、菊花、山茶花、水仙花，同时盛开。

星命家言，余之寿命与尊公相似，亦在六十岁或六十一岁之数。寿命修短，本不足道，姑妄言之可耳。“洗心人读经室”额纸后方，拟留空白尺余，由仁者自跋一段，说明此事之因缘。

旧十一月二十八日　演音启

三

一九三四年冬 厦门万寿岩

晋章居士：

前奉明片，想已收到。兹有奉托者二事：

一、乞仁者为余刻印二三方，寄下以为纪念。大小大约如□或□（略大）或○或？其文字，乞于下列数名中随意选之：亡言、无得、吉目、胜音、无畏、大慈、大方广、音、弘一。

二、四十年前，津人习白折小楷，恒用《昨非录》，系翰林分写小楷，石印精本，共二册。其文字皆嘉言懿行，颇可流传。乞向旧书铺或亲友处觅求一部，惠施寄下至感。

演音启

寄图章时，甚费周折，乞向邮局询问，为要。

四

一九三五年旧三月十日 泉州温陵养老院

惠书诵悉。承惠施佛像、《昨非录》，至用感谢。在此讲律将毕，即拟往百里外山中度夏。邮政不通，以后乞暂勿通讯。俟秋凉时，返厦门再奉告也。

雄河居士

演音疏　三月十日

致高文显

高文显　一九二一～一九九一，别号胜进，福建南安人。毕业于厦门大学。

亲近弘一法师多年。法师讲演，多由他记录。

抗战期间南渡，执教菲律宾。后赴英留学，得博士学位。

一

一九三五年正月元宵 厦门万寿岩

惠书诵悉。承仁者乡居安乐，至用忻慰。余于岁首在万寿[1]讲小本《弥陀经》七日，并辑讲录一卷。诸缘顺遂，堪豫远念耳。尔后行止未定，犹如落叶，一任业风飘去，宁知方所耶？想仁者不久将返鹭屿[2]，略述所怀，不及邮奉，谨托洽师传呈。不宣

胜进居士道席

正月元宵夜　演音白

二

一九三五年九月六日 惠安净峰寺

胜进居士道鉴：

承施鼓山刊《梵网》及《王摩诘》欢感无已。净峰生活甚安适。近以寺主他往，余亦随其移居草庵。

谨复 不具

九月六日　演音启

---

① 万寿：即万寿岩，俗称山边岩，在厦门西郊文毫社。
② 鹭屿：为厦门别名，又称鹭岛、鹭江、鹭门等。

净峰居半岛之中与陆地连者仅十之一二，山石玲珑重叠，世所罕见。民风古朴，犹存千年来之装饰，有如世外桃源。种植者以地瓜、花生、大麦为主。附白

三

一九三五年旧十一月十三日 鼓浪屿日光岩

胜进居士道鉴：

近往韩偓墓道碑前，摄影一叶。仁者暇时，宜编辑《韩偓评传》一卷。或仅题名曰《韩偓》[①]，或用他名，乞酌之。偓居南安久，墓亦在此，是为尊邑最胜之古迹，想仁者必乐为提倡也。

最要者，为辩明，《香奁集》决非偓作。《辞源》中《香奁集》“在香字部”一条已为考据辨正乞检阅之。卷首即须标明此事，以后再详论之。书中须前后二处辨正此事。所以再说不嫌重复者，恐阅者于此事不注意也。近代《香奁集》流通甚广，以此污偓，实为恨事。偓乃刚正之人，岂是作香奁诗者？

① 高文显遵弘一法师指导，撰成《韩偓》一书，抗战前本拟由上海开明书店出版，后毁于战火。至1984年始由台北新文丰出版公司出版。

编辑之法大致如下：

卷头，列摄影一幅，后面，乞记此因缘。大略云：“二十二年岁次癸酉十月，讲律于泉州大开元寺既竟，下旬，与广洽诸上人等，偕往西门外净觉寺，于中途获见此墓道碑，为之惊喜。二十四年乙亥二月，复往墓道碑后山麓，寻觅墓地，卒不可得。是年十一月九日，偕广洽上人往彼摄影，摄者艺轩陈祝信也。”

参考诸书：

《新唐书·韩偓传》别纸录写 四纸 为黄寄慈手写者

《辞源》别纸录写

另有《香奁集》一条 未录 乞检寻之

《历代名人字典》别纸录写

《泉州府志》余录写 三纸

《韩内翰别集》或名韩翰林学士等。已托蔡丐因寻觅寄奉。倘不可得，乞向唐诗丛刻中寻觅。此类之书甚多，余忘其名。又厦大藏书甚富，当易觅求。并乞向厦大国学教师（词章家）询问，请彼指示一切应参考之书，尤善。

《内庭集》《金銮密记遗稿》等，恐不可得，亦乞向他学者询之。

余久荒文事，不能详举参考诸书，乞向厦大教师询问。及自于图书馆中目录内寻求，当尚有甚多可资参考者。

书仅一卷，页数不宜多。所主要者，即是辨正《香奁集》，与偓在南安时诸遗事耳。《新唐书》中所载诸事，唯择其有兴味者略记一二，其他皆仅举大纲。

仁者于他日编就时，乞托洽上人带下，由余介绍于书局出版也。谨陈 不具

册页一函附奉上

十一月十三日　演音启

四

一九三五年旧十一月 泉州承天寺

“十岁裁诗走马成，冷灰残烛动离情。桐花万里丹山路，雏凤清于老凤声”。余于八九岁时已读此诗。今虽记忆，而忘其题及作者人名，似与韩偓有关系。乞询诸他人，当可知之。附白

墓道碑字，旧涂朱色，久已脱落。仁者于寒假返里时，

能以洋漆（朱色）再涂治之，尤善。其地在泉州西门外一里余，大路旁，近村市。

又余前往山麓觅偓墓不得。

仁者能于附近各地详为寻觅，或能发见亦未可知也。

余不久仍往惠安讲经后返草庵度岁

五

一九三六年正月初九日 晋江草庵

胜进居士道席：

惠书诵悉。承施食物，至感。此次病势几危，幸赖诸善友代为诵读忏悔，乃转为安也。病愈，即来厦。余面谈。

不宣

旧正月初九日　演音启

杭世骏[①]为清初最有名之学者，其说甚可靠。余在俗时，颇喜读诵其文字也。

乞考查周尺之量

乞画营造尺样子

① 杭世骏，字大宗，号苍海，浙江杭州人。清初著名学者。著有《道古堂文集》等。

六

一九三六年旧五月二十三日 鼓浪屿日光岩

胜进居士：

以前常疑居鼓浪者皆贵族生活，豪华奢侈。今居半月余，见其民风实较厦门朴素。由厦门移居鼓浪，有如自城市而往乡间之感。前送来摄影八叶，甚善。持伞背身停电柱者最佳，《大藏经》及船中者第二。以上三叶，若值摄影展览会时，可以陈列也。美的等诸照相馆殊草率不工，仁者所作实较彼等为胜也。谨达 不宣

旧五月二十三日　演音启

七

一九三六年旧五月 鼓浪屿日光岩

《瀛奎律髓》，其中堂目录中（一二六页）载之。

又其中堂目录中（一九三页），有《楞严经》小万柳堂版本。此书为吴挚甫[①]之女吴芝瑛（已故）所书，甚佳。

---

① 吴汝纶（1840—1903），字挚甫，安徽桐城人。清同治四年进士，与天津李筱楼（李叔同之父）、合肥李鸿章同科。光绪间，任京师大学堂总教习。为清末著名桐城派文学家。对晚唐诗人韩偓颇有研究，著有《韩翰林集评注》。

《韩偓》原稿（第一次），乞交下对阅，俟明春奉还。

胜进居士鉴

演音　未御目鱼[①]书

八

一九三六年旧六月二十三日 鼓浪屿日光岩

胜进居士慧览：

惠书诵悉，至用忻慰。余近来健康殊胜，每日毕业繁忙，未尝以为劳耳。前奉上《曾文正公嘉言钞》，乞先阅梁序及后附传文。然后研味一一嘉言，当获无穷利益。王维诗，于暇时偶读一二首，可见隐逸之乐趣。二书皆余手装，足可以为记念也。谨复 不具

演音疏　旧六月二十三日

① 目鱼即眼镜。此名为马一浮居士所定。

九

一九三六年九月一日 鼓浪屿日光岩

胜进居士文席：

惠书诵悉。南普陀功德楼[①]中，余存贮书物甚多，仁者可以移居彼处。以为余守护书物之名义，托广洽法师向库房执事者言之，当可允许也。

前交来之稿，已改就。（诸篇皆佳。此书令诸青年读之，颇可于佛法种植胜因。近年以来，诸青年读《香奁集》者甚多。此书名韩偓，彼等必争先购买也。）俟他日托洽师带上。稿纸印格之色，与墨水色相似，故——等记号不易辨认。以后在稿纸反面书写为宜。印格大致可见，与正面无异。夏丏尊诸居士亦常在稿纸反面写字也。

谨复 不备

九月一日　演音疏

① 功德楼即厦门南普陀寺天王殿东之楼名。弘一法师曾一度居于此。

一〇

一九三六年九月十九日 鼓浪屿日光岩

胜进居士道席：

惠书诵悉。病中宜熟读《清凉歌集达旨》。比文依法性宗，说理十分透彻。若明乎此，可知佛法之主旨矣。《清凉歌》，须依音调唱之。后三首最胜，前二平平。其意味乃显。此五首曲，以数人之力经五年乃成，又实地试演二年，共七年也。

仁者病愈时，乞访忠儒居士，请彼歌唱，能弹伴奏尤善。仁者阅之，当悲欣交集矣。仁声歌集，不知何人所编，余昔未闻其书名也。谨达 不具

演音启 九月十九日

一一

一九三六年秋 鼓浪屿日光岩

胜进居士转念佛会：

余近居日光岩方便掩关，诸缁素属为演讲。窃念余于佛法中最深信者，惟净土法门，于当代善知识中最佩仰者，

惟印光老法师。今举《嘉言录》中数则，略释之。

愿离娑婆云云　三九页

既有真信云云　四二页

一切行门云云　四九页

诸君暇时，乞常阅《嘉言录》。每次仅阅一二段，不必多。宜反复研味其义，不可草草也。

吉目

一二

一九三六年旧十月三日 鼓浪屿日光岩

胜进居士道鉴：

惠书厚意诚挚，至用感谢。曾于佛前占示，居住厦门不宜。将来随缘所住，现在且不计划也。居日光别院半载，自己甚获利益，于古浪弘化事亦稍有裨益，甚可庆慰。至于不久居者，乃是宿业，非人力所能致也。

此纸乞呈洽师一阅。不宣

南山律祖涅槃日　演音疏

一三

一九三七年正月十二日 厦门南普陀寺

尔来心绪不佳，诸事繁忙，养正院训育课，拟请仁者代授。四月初旬，讲律事即可结束。将往他方，埋名遁世，以终其天年。实不愿久堕此名闻利养窟中，以辜负出家之本志也。不宣

胜进居士道席

音启

《韩偓》原稿附奉还

一四

一九三七年正月二十二日 厦门南普陀寺

胜进居士：

惠书诵悉。此事乞为辞谢。余近来诸事谨慎，冀无大过。诗云：战战兢兢，如临深渊，如履薄冰。常服膺此言矣。三年前曾拟订幼年僧学课用书一纸，存仁者处，乞抄底

稿全文交下，李君名相勗[1]否乞示知，将写字幅赠送也。

不宣

正月二十二日　演音启

一五

一九三七年正月二十九日 厦门南普陀寺

昨日出外，见闻者三事：

一、余买价值一元余之橡皮鞋一双，店员仅索价七角。

二、在马路中闻有人吹口琴，其曲为日本国歌。

三、归途凄风寒雨。

胜进居士慧览

正月二十九日　演音

① 李相勗：为当时厦门大学教师。曾托胜进居士请大师到厦大开示佛法，师辞未往。

一六

一九三七年旧二月 厦门南普陀寺

“一斗夜来陪汉史，千春朝起展莱衣。”此厦门某氏宅门联也。未知是古诗句，或其自撰。幽秀沉着，洵为佳句。书法亦神似东坡，应是高士手笔。其地址如下记。仁者暇时，可往一阅。能询其撰书者为何人，则至善矣。门内下首边房亦有联，余未见，仁者能入门一阅否……

胜进居士

音启

余至南闽八年，罕见有如是佳联，足与南普陀山门“分派洛伽”[①]一联相媲美也。

一七

一九三七年四月十日 厦门南普陀寺

胜进居士文席：

《越风》[②]稿，定于五日截止。今天已是十日，宜速

① “分派洛伽”一联，为福州陈衍石遗所撰书。句云：“分派洛伽开法宇，隔江太武拱山门。”

② 《越风》：为抗战前杭州出版之文史半月刊，曾约弘一法师写《我在西湖出家的经过》一文，由高胜进笔记，刊于《越风》1937年增刊号《西湖特辑》。

寄去。余需用《英语分类会话》（初步宜简单）一册，仁者如有，乞以惠施；否则乞为购之，以小册者为宜也。五十八岁复温习英语，亦一趣闻也。

胜进居士文席

音启

一八

一九三八年旧三月 惠安科山寺

胜进居士文席：

前函所云工作忙迫等，案用功之人，每日应有数小时运动及休息，又星期日一天，亦应休息。如是则身体精神乃能康健。偓传，俟年假时再继续撰述，迟缓无妨。大学课业多忙，若以余暇致力于此，恐身心将受大伤也。前交下之稿，俟稍暇为之修改，奉上。先此陈达 不宣

演音疏

松洋洞

在松洋山 唐韩偓 载《螺阳文献》。

微茫烟水碧云间，拄杖南来渡远山。
冠履莫教亲紫阁，衲衣且上傍禅关。
青邱有地榛苓茂，故国无阶麦黍繁。
午夜钟声闻北阙，六龙绕殿几时攀。

戊寅春残，与胜进居士游慧水，获此诗为书之。

一九

一九三八年十二月十四日 晋江安海水心亭

胜进居士慧鉴：

写前笺后，仅四小时余，江南信局人来，带到惠书及施十金，感谢无尽。不久（明日上午动身，约在泉州住数日）即往永春普济寺。属书者名字，乞写示。分为小联、小中堂、小横额三种，乞注明。若是女士亦乞注明。写毕，拟托人带至泉州百源庵。请觉彻法师设法带至菲岛。

近闻永春乡间某寺，有韩偓所写对联等之石刻。俟到永春后，当托人以墨拓之，可以缩印于评传中也。

朽人此次在安海演讲三日，听众多至近七百人。在双灵寺讲一次。居安海水心亭一月，写字三百余件。前在漳州时，写字近千件。今岁法缘甚盛，但自惭德薄能鲜，实不能胜弘法之任。故将归隐山中，退而修德耳。

今年所以特往闽南各地，随分随力弘扬佛法者，因余在闽南居住，今已十年，深蒙闽南诸缁素善友爱护。尔来老态渐增，不久即往生极乐。故于此数月之内，勉力弘法，以报答闽南诸善友之厚恩耳。

以后惠书，乞托性老法师转寄永春普济寺妙慧师转交与余，至妥。谨复 不宣

十二月十四日　演音上

此纸乞呈与性老人一阅

托人以墨拓偓写石刻事请性老人以函督促

二〇

一九三九年旧二月二十三日 泉州温陵养老院

胜进居士文席：

惠书，诵悉。承施金，已收到，感谢无尽。《安海法音录》已出版，曾托百源庵寄上多册，想已收到。

旧历十月下旬到泉州后，迄于近日状况，略述如下。

十月下旬在清尘堂 讲《药师如来法门》一次

此讲稿已印行两次

十一月初旬在承天寺讲《金刚经大意》一次

法院曾院长请讲

十一月下旬在承天寺讲《最后之□□》（已印行）为养正院学僧讲一次

十二月一日始至正月二十四日，闭关谢客。

因闻省府令，将使僧众服兵役事，于正月二十五日在寺演讲一次，安慰僧众。倘此事实行时，愿为力争并绝食以要求。令大众毋惧。虽往永春，亦仍负责。

正月元旦始在月台别院即关房内讲《药师经》共十日

二月五日始在月台别院讲《裴相发菩提心文》共三日

二月十日始在承天寺讲《药师经》共七日

二月十九日在朵莲寺讲《读诵华严经之灵感事迹》一次

二月二十日在光明寺即世齐堂讲《持诵药师咒之方法》一次 不久可以印行

二月二十一日在同莲寺讲《净土法门之殊胜》一次二月二十二日在温陵养老院讲《地藏菩萨之灵感事迹》一次

此次至泉州居住约四个月 名闻利养较前益胜。

自惭凉德，名实不符，时用惭恧耳。

此四月中，写字约千件上下。后天拟往永春。

二月二十三日 演音

戊寅旧历（以下悉同）正月元旦始至初十日止在草庵讲《华严普贤行愿品》

二十日到泉州住承天寺月台别院

二十六日在大开元寺讲《念佛能免灾难》

二月初一日始至初十日止在承天寺讲《华严普贤行愿品》

十二日在开元慈儿院讲《释迦牟尼佛在因地时为法舍身事》

十三日在妇人养老院讲《净土法门》

十四日在温陵男养老院讲《劳动与念佛》

十六日在崇福寺讲《三归五戒浅义》。

复在救济院劝念观世音菩萨名号（为院众近百人授三归依）

十七日始至二十日止在大开元寺讲《心经》

二十三日在朵莲寺讲《药师如来本愿功德经大意》

二十六日在昭昧国学专校讲《佛教之源流及宗派》

复有他校二处请演讲未能往

三月初一日始至初三日止在清尘堂讲《华严大意》

初五日往惠安

初八日值念佛会为讲《修净土宗者应注意之数事》

初九日讲《十宗略义》

初十日讲《华严五教大意》学校请演讲未往

十一日归泉州

二十一日往厦门应鼓浪屿了闲社法会请演讲三日复往福州[①]弘法

① 其后赴漳，福州未果行。

二一

一九三九年旧二月三十日 永春普济寺

乞附寄菲律宾大乘信愿寺交高文显居士收

前奉二笺，想已收到。

农历二月二十四日至水门龙溪寺讲建兴药师寺之利益

二十五日至永春城居桃源殿

二十七日讲《佛教之修持简易方法》不久可出版

二十八日至蓬壶普济寺

近俩月来，讲经、见客、写字等身心疲劳已极。

拟在此静养数月，或即在此往生安乐国耳。

性公老法师前乞代问安

农历二月三十日　音启

二二

一九三九年旧九月二十八日 永春普济寺

胜进居士文席：

关于韩偓事录陈于下：

永春陈山岩之“一簇人烟入画图”之楹联石刻，《永春县志》误作朱晦翁题，前李芳远童子亲至陈山岩寻觅，见石刻署款之处，原有“玉山樵人”之名，竟为他人涂去，复改刻晦翁之名。童子归而检阅《人名大辞典》，乃知“玉山樵人”即偓之别字也。此联朽人屡托人拓摹，皆未成就。只可俟仁者返国时再拓。陈山岩距普济寺约三十余里。新编之《永春县志》，为永春名儒郑翘松，别号卧云老人孝廉所撰，久已付刊。此外尚有补遗之文而未刊者。此中有《流寓传补遗 · 韩偓》之文。今择录于下，以备仁者采取。

传云：（前略）事具《新唐书》及省志，文繁不录。录其入闽以后事，而剌取偓诗集中年月可征者，以明本末，而补前志之阙。（中略）转徙湖南、江西间。未几，挈家来闽，时天祐二年丙寅秋也。（中略）住福州者三年。

己巳春正月，自沙县抵邵武，将为抚信之行。到才一夕，而闽相急使请还。于是返沙县寓焉。明年，自剑适泉，经桃林场（永春旧为桃林场治地），留两年，赋咏不辍，今《翰林集·此翁》已下数十篇，及《香奁集》中《多情篇》是也。（中略）来而复去，去而复来。卒依审邽父子于泉，而不复履省垣。岂逆料审知不能抗节讨逆，以伸大义于天下，故欲远涉吴晋，以冀得一当欤？（中略）其复也，不遽抵泉，而委蛇于鹏山之阳、桃溪之滨者至历两年之久。（中略）明之季世，王愧两（忠孝，晋江人）、徐暗公（孚远，松江人）尝避地舟山，见偓断碑，谓偓实终浙岛，非瘗闽地。虽无确征，亦可以博异闻。（中略）偓诗瞻丽，亦类商隐。香奁纤艳，规模“无题”，而兴趣深远不逮。（中略）独《感事》一篇，指事类情，精深律切。较商隐寄哀甘露之变者，骎骎有度越骅骝之概。（中略）惟末章有一二语，似与前后不甚相应。疑非偓原本，而为妄庸子所误窜者。（下略）

以上十行皆择录《永春县志·流寓传补遗·韩偓》之文，其应注意者，以朱笔点之。

附陈：

偓终舟山事。舟山见偓断碑，为王忠孝所发见，载在徐暗公《钓璜堂集》。此书共二十卷，民国初年新刊。卷首年谱及七绝句中，颇可征信，云云。此为郑君所述。感事诗三十四韵中，后六韵，即溅血等十二句，颇可删去。此为郑君与余面谈。

郑君居永春县城。仁者返国后，乞至永春县城，暂住桃源殿。住持，妙用师。乞托妙用师介绍，往郑君家中晤谈一切。郑君博闻强记，尤长于史学，当代之名儒也。

《永春县志·流寓传补遗·韩偓传》全文，朽人已托人录出。因文繁纸重，未能寄上。今检交性常法师，代为收贮。俟仁者返国时，向彼领取可也。

朽人不久移居灵应寺。

以后通信乞寄南安县洪濑树德寺转交灵应寺弘一收

旧九月二十八日　音启

二三

一九三九年十二月四日 永春普济寺

胜进居士文席：

近阅《华严疏钞》，有引“枕上片时春梦中，行尽江南数千里”之句。考《会玄记》释疏钞者云，此为唐岑参《春梦诗》也。上二句云“洞房昨夜春风起，遥忆美人湘江水”。又近日阅《灵峰宗论》（明蕅益大师撰）有诗云：

日轮挽作镜，海水挹作盆。

照我忠义胆，浴我法臣魂。

九死心不悔，尘劫愿犹存。

为檄虚空界，何人共北轮。

第三句与第一句相应，第四句与第二句相应。

激昂雄健，为高僧诗中所罕见者。

附以奉玄察。谨陈不宣

十二月四日　演音疏

二四

一九四〇年四月二十八日 永春普济寺

胜进居士澄览：

近闻仁等集资印经多部，至用欢赞。朽人自去秋始，闭门养疴。老态日增，精神恍惚，日未落即卧床。故于诸善友所，音讯疏阔。近仍居普济顶寺，不复作出山想矣。泉州等处，米价奇昂，每元仅易米一斤，贫民苦矣。临颖不胜悲叹。略陈 不宣

四月二十八日　善梦启

二五

一九四〇年六月二十六日 永春普济寺

胜进居士文席：

惠书忻悉一一。承施资，拟以印《九华垂迹图》。泉州诸友发起印千部，闻将圆满成就矣。朽人尔来衰老益甚，于此娑婆世界，未能久住。当来往生安养，必与仁者欢聚耳。希仁者勤修净业，发愿力行，是所厚望焉。附奉

上范居士法语一纸，希时以省览，当获深益。

谨复 不宣

六月二十六日　音启

二六

一九四一年二月，南安灵应寺

奉上《韩翰林集评注》一册，为北方新刊本，吴挚甫评注。吴氏为晚清文学大家，其所评注颇为精湛。后跋署闿生者，其子也。谓《香奁集》为假物寓兴而作，非是实事，此亦旧说。乃至今人作香奁诗者何尝不以是自文其过也。

吴挚甫氏与先父为进士同年，时先父年逾五旬，吴氏仅二十余岁。彼晚年颇留意新学，尝往日本考察学制，撰《东游日记》。其他撰述甚多。

胜进居士慧览

演音启

二七

一九四一年七月一日 晋江福林寺

胜进居士文席：

前获性老人书，悉尊辑偓传草稿已就，至用欢喜赞叹。泉地时局未靖，飞机之声常闻，或恐不免兵火之灾，故尊稿以缓寄下为妥。俟时事稍定，再奉闻也。朽人近来体力尚健，腰背足步胃口等皆如少年。惟精神衰减耳。谨陈 不宣

通信处：泉州南门外石狮檀林街福林寺

七月一日　音启

二八

一九四一年旧八月二日 晋江福林寺

胜进居士道席：

偓传稿，披诵数四，欢慰无已。考据精详，论断正确。虽曰表彰忠节，实亦阐扬佛法。功在万世，利及群生，岂唯偓一人受其赐耶？昨今已略为删改，未审当否，还

乞仁者裁酌之。书中尚有数事，乞仁者暇时自加补校。

标志记号有脱落处……

记号有不统一处

人名上有未写时代者

与佛法之关系一章，乞暇时先起草撰述交下。

余愿先为校订此章，因此甚重要也。不宣

八月二日　演音启

致聂云台

聂云台，一八八〇～一九五三，名其杰，湖南衡山人。

曾任上海总商会会长。

初信基督教，中年因病改信佛教，于佛教造诣颇深。

一九三五年四月十四日 惠安净峰寺

云台居士道鉴：

惠书诵悉。“弯弯新月”赞偈，余于十年前闻之，已知其非。尝劝改用《普门品》中五言偈句。但以人微言轻，又因积习难改，故未能实行。近闻厦门南普陀寺于数年前已改用《焰口》[①]书中所载普陀七言四句偈，则胜“弯弯新月”多多矣，此偈附写纸尾。余意赞偈应选用经中所载者为宜，似较别撰者优也。但今世诸僧众，若令其改唱经偈，恐咿呀不能上口。未若改《焰口》中四句，是为彼等放焰口时所常唱者，必能易于改变也。炉香赞（此是供养赞，非赞佛也），始见于莲池大师[②]所订课诵中。故知此赞最古。其他皆后世俗僧或腐儒之作，罕有可取者。余自惭德薄，虽久有订正之意，然无人信受，唯可付之长叹耳。

再者，近来念佛时，常用之“愿生西方净土中”四句，其末句为“不退菩萨为伴侣”，语气殊未完足，似尚有

---

① 《焰口》：书名，即《救拔焰口饿鬼陀罗尼经》。按焰口，原为饿鬼名。“放焰口”的佛事活动，是为饿鬼施食的一种仪式。

② 莲池大师（1535—1615），俗姓沈，名袾宏，浙江杭州人。明末四高僧之一。因居杭州云楼寺，亦称他为云楼大师。

下文者。且此四句仅言生西，而无利生之愿，亦有未合。余于五六年前曾劝人将第四句改为“普利一切诸含识”，用《普贤行愿品》成句，则语气既能完足，且具利生之愿。但至今犹无人承用者，可见习惯难改。而僧众多奔走营务，亦罕有注意于此者，可长叹耳。谨复 不宣

演音启

赞观世音菩萨偈：

普陀洛伽常入定，随缘赴感靡不周。

寻声救苦度群迷，故号名为观自在。

载于天宁版《焰口》第三十七页[①]

① 此件发表于《晚晴山房书简》时，信末无标时。但发表于《觉有情》却标时为“1935 年 4 月 14 日”。本文题下标时从《觉有情》。

致啸川

一九三六年正月 晋江草庵

啸川居士玄览：

草积不除，便觉眼前生意满。

庵门常掩，毋忘世上苦人多。

此数年前为草庵所撰寺门联句。

下七字，疑是古人旧句，然亦未能定也。

眼前生意满者，生意指草而言。此上联隐含慈悲博爱之意。宋儒周、程、朱诸子文中，常有此类之言。即是观天地生物气象，而兴起仁民爱物之怀也。

——亡言

致缪涤源

一九三六年闰三月二日 厦门南普陀寺

涤源居士道席：

惠书今日始转递到。

净峰住持于去年九月辞职，余随彼往泉州乡间度岁。今春到厦门。戒法不能遥授，乞仁者于佛前自誓受为宜。应先受不邪淫、不饮酒二戒，其余缓受。盗戒极微细难持（常人不知），应格外郑重。至要，至要。出家之事，且看将来因缘如何，不可固执。拙书一叶附奉上。

通讯乞寄厦门南普陀寺养正院转交弘一收。

谨复 不宣

演音启 旧闰三月二日

致叶宗择

叶宗择，原名禽择。印光法师为其起法号曰宗择。系叶青眼居士长子。时任泉州开元慈儿院教务主任。

一

一九三六年闰三月二十六日 厦门南普陀寺

宗择居士慧鉴：

久别为念。尔来精力衰颓，反不如正月间，恐未能往泉州，至用歉然。

拙书个联及讲稿，附奉上，乞收入。尊翁及令弟归国时，乞为致候。

不宣

闰三月二十六日 弘一启

二

一九三八年五月二十日 漳州瑞竹岩

宗定、宗择居士同鉴：

惠诵悉。仁等精进向道，至用忻慰。朽人暂住瑞竹岩，俟车路通时，乃能返泉也。岩中多宋明古物，如铜钟、锡盒、木香炉及榜联等。联语皆佳，录二如下：

风静潮初满，山空月正中。

明天启　陈天受：

夙根有慧皆森发，上善无声自广长。

九泉居士：

尊翁惠书及明信悉收诵，乞代致候。

邮券已收，敬谢。

谨复 不宣

五月二十日　演音疏

三

一九三八年六月二日 漳州瑞竹岩

宗定、宗择居士清鉴：

前复书想已收到。世变日亟，未审何时乃能归清源？奉上近作一首，乞写示郑健魂、高文显（在水头或已避难他方）诸居士，或是此生最后之作，亦未可知也。竹岩丈室有题壁诗二首，诗有逸致，书法极佳，似东坡。惜为灰粉涂抹，未能观其真迹耳。

我本云水一野僧，无名无利□□□。

峰峦叠□颜苍耸，江□添波势涌腾。

静襄方知人事险，年来已觉佛门陵。

漫□世外生忧虑，□□□□悲念增。

又一首：

雨笠烟蓑平生梦，□□□□任去留。

惟有星光夜万点，关心一系慈航舟。

后署：

岁在辛未荔月 云水野僧书

此函请智林法师带呈法师。由漳至泉步行三百里，亦当代所希有也（附注：未果行）。不宣

演音疏　六月二日

致曾词源

曾词源 一九〇六～一九六七，福建惠安人。

在厦门办理教育多年。

能诗。极尊敬弘一法师。

一

一九三六年春 厦门南普陀寺

词源居士道席：

惠书诵悉。书签写奉，乞收入。

宿疾已愈[1]十之有八，再迟一月，或可痊愈，因系慢性症，不可求速效也。

仁者晤蔡居士，乞为询病愈后，如何酬谢黄博士，便中示知，不宣。

演音启

二

一九三八年十二月十四日 晋江草庵

词源居士慧览：

在安海居住一月，前日至草庵，因故已辞谢惠安昆山之事。现暂住草庵，稍迟或往他方也。

通讯仍由泉州承天寺转交。谨达 不宣

十二月十四日　演音启

---

① 弘一法师在泉州时，患臂疮甚剧，经蔡吉堂居士介绍厦门黄丙丁医学博士为之治疗，数月后痊愈。

致李芳远

李芳远　一九二三～一九八二，福建永春人，家居厦门鼓浪屿。

时弘一法师卓锡鼓浪屿日光岩，偶与李氏邂逅，奇其幼慧，常相往来，故称他为芳远童子。

法师寂后，李氏集其遗文，编成《弘一大师文钞》一册。

一

一九三六年五月 鼓浪屿日光岩

初学篆字，宜先习《说文解字》建首。每日写四字，每字写数十次。写时宜提笔悬肘。如是，积日渐进，万不可以求急速。

音启

二

一九三七年旧五月 青岛湛山寺

芳远童子慧览：

惠书诵悉，至用忻慰。此间风光清胜，可以忘忧。湛山寺住众百余人，殿阁庄严，诚一大丛林焉。朽人讲务之余，颇闲适。约当中秋节后，即可返厦门也。

诸承关念，感谢万千。

谨复 不宣

音启

三

一九三七年十二月二十三日 厦门万石岩

芳远童子澄览：

惠教诵悉，至用感谢。朽人已于九月二十七日归厦门。近日厦市虽风声稍紧，但朽人为护法故，不避炮弹，誓与厦市共存亡。古诗云：“莫嫌老圃秋容淡，犹有黄花晚节香。”乃斯意也。吾人一生之中，晚节为最要。愿与仁等共勉之

弘一上　十二月二十三日

四

一九三七年旧十二月四日 厦门万石岩

芳远居士文席：

惠书诵悉，至用欢慰。传贯师已返惠安，不久即来厦。清智法师书，已托人送去。仁者发大菩提心，归信佛法，至堪庆喜。兹附挂号寄上书一包：

《菩提心戒释义》一册　此书说十善之义，为学佛法之初步

《皆大欢喜》一册 说近时灵感之事

《释迎如来一代记》一册

说佛之历史，文笔浅显，甚有兴味，易于阅览。

《人死问题》一册 文义稍深，亦可略阅

《佛教公论》及半月刊各一册

《地藏菩萨本愿经》一册 乞以《说要》对阅经文

同 《说要》一束 } 自可易于了解

拙书直幅一纸 }

拙书大联拓本一对 此联存鼓山

朽人不久或往泉州乡间，亦未可知。临时再奉告可也。

仁者暇时，乞往普照寺[1]一游。在彼居者，皆余之友人。前月彼等曾约朽人往寺居住。因泉州之约已定，故未能往也。附写介绍笺一纸[2]，乞收入。

谨复 不宣

演音启 旧十二月四日

① 普照寺：即厦门南普陀寺古称。

② 见本书“致妙慧法师”一。

五

一九三七年旧十二月二十日 晋江草庵

芳远童子智鉴：

前复书及附寄佛典，想已收到。朽人于前夕到草庵，暂不他往。以后惠书，乞寄：泉州南门外石狮下檀林街灵鹫寺转交草庵。传贯师仍居厦疗病，约于年底返草庵。彼经此意外之灾难（为盗放枪弹，贯穿手腕），十分欢喜，深自庆幸。谓可以成就代众生受苦之夙愿也。将来仁者返厦门时，乞便中到草庵小住数日，至盼。路图附绘奉，乞察览。不宣

演音疏　旧十二月二十日

在佘店站，近青阳站，下车，即至草庵。

在车站即可望见草庵之石楼也

此站旧名福浦今改称佘店也

六

一九三八年旧二月 泉州承天寺

惠书诵悉，至为欢忭。自旧二月初一日起，在此讲经。大约十天讲毕。仁者能于讲期内，到泉州听经，甚善。

谨复

泉州承天寺内弘一上

七

一九三八年旧二月二十四日 泉州承天寺

芳远居士朗鉴：

惠书诵悉。适有去秋到上海时所摄之影，由友人寄来，即以奉赠仁者，而为纪念。近来讲务甚忙。下月初旬到惠安，月底或往厦门，但尚未决定也。俟后奉达。

谨复 不宣

传贯法师附致候

旧二月二十四日　演音疏

八

一九三八年旧三月 泉州开元寺

芳远童子慧鉴：

惠片诵悉。往惠安仅住数日，即返泉州。二十一日往厦门。下月初旬即往漳州静养。俟秋凉后乃在漳州讲经。承惠磁物，乞带鼓浪，交清智老和尚[①]转送与朽人，最妥。漳州通信处，为南山寺转交。传贯师因须居泉侍奉老父，不能往厦。仁者与彼通信，仍寄泉州承天寺可也。

不宣

演音疏

九

一九三八年旧三月 泉州开元寺

明信诵悉。余于二十一日或二十二日往厦门。二十日由厦门有人来接迎。大约自二十六日起，讲三天。下月初，往漳州。由南山寺介绍，住乡间某寺[②]过夏。近来多忙，

① 清智老和尚（1878—1951），福建南安人。时为鼓浪屿日光岩住持。

① 乡间某寺：指漳州东门外江东桥附近之瑞竹岩。

而身体甚健。此次住泉州不满两月，写字近千件。每日可写四十件上下。厦门通讯处，由妙释寺转交可也。

演音白　古历三月十三

一〇

一九三八年旧三月十九日 泉州开元寺

芳远童子慧鉴：

古浪了闲别墅[①]，已有正式请帖寄到。明日，严笑棠居士到泉陪接。迟二三日，即偕往厦门。下月初四五日，往福州城内功德林佛化社诸处演讲，但尚未确定。不久仍返泉州。以后通讯，仍寄泉州承天寺。近在承天寺摄影一叶，又在惠安科峰顶摄影一叶，并附奉赠。

不宣

三月十九日　演音白

① 了闲别墅：即了闲社，又称乡间别墅，为鼓浪屿一居士研究佛学团体。

一一

一九三八年旧四月十八日 漳州南山寺

于厦门难事前四天，已到漳州弘法，故能幸免于难。现拟往山中休夏。秋凉后，或可返泉州也。尊寓住址如变动，乞以信片存交泉州承天寺，最妥。

传贯师或在惠安，或已返泉州。

四月十八日　演音启

一二

一九三八年旧五月十二日 漳州瑞竹岩

惠书诵悉。鼓浪屿不甚安宁。仁者仍住永春为宜。朽人现居东乡瑞竹岩，拟在此度夏。秋凉后倘车路可通，即返泉州也。传贯师已往惠安，彼之通信处，为惠安北门外辋川同善堂潘肃清居士转。余之通讯处，为漳州东门浦头祈保亭转交。瑞竹岩距城甚远（二十五里），每月仅有人来此一二次也。朽人自明日始，为仁者诵《药师琉璃光如来本愿功德经》十部。愿仁者消除灾难，身心安宁，早成佛道，普利众生。

五月十二日　演音

再者，朽人既为仁者诵经，仁者自己亦应常常行住坐卧念诵南无药师琉璃光如来名号，乃有感应。至要，至要。附白

一三

一九三八年七月初四日 漳州瑞竹岩

明信诵悉。所云诗集，未见。

现在邮局亦不能寄印刷品。

传贯师筑室事，已中止，不久拟返草庵。以后仁者致函与传贯师，乞寄泉州转青阳寺全顺宝号交小沿塘西天寺转送草庵。

仁者此次避难永春，所见所闻诸事，乞撰述“笔记”数卷，可以为永久之纪念。

演音上　七月四日

仁者将来可以到泉州昭昧国学讲习所（不久即改名专科学校）专研国学，最善。较中学为佳也。彼处大半为余之友人。今春曾在彼处演讲一次。

仁者若欲即往者，乞托承天寺瑞今法师介绍。

一四

一九三八年旧十月十四日 晋江安海水心亭

惠书诵悉。不久即拟往草庵静养，谢绝一切诸事。仁者如返古浪，乞写示通讯之处。

旧十月十四日　音上

今年所以往闽南各地弘法者，因余居住闽南十年，受当地人士种种优遇。今余年老力衰，不久即可谢世。故于今年往各地弘法，以报答闽南人士之护法厚恩耳。现在弘法已毕，即拟休养，故往草庵。明年将往惠安，闭门谢客，以终其天年耳。

一五

一九三八年旧十一月十四日 泉州承天寺

惠书诵悉。至用惭惶。自明日起，即当遵命，闭门静修，屏弃一切。仁者天真灵性，举世莫匹。而不欲沉沦繁华，至堪敬佩。深望今后活泼庄严，为当代第一人耳。岁除之后，或往他处。谨复 不宣

弘一和南　旧历十一月十四日

一六

一九三九年旧四月十日 永春普济寺

芳远童子慧览：

惠书诵悉。八日讲稿[1]，已由数居士编录。印资已有五十余元。不久性常师即可入城接洽付印之事。前存《修持法》三千册，俟时局稍平定，分送与泉州、安海、漳州诸处。现暂存桃源殿可耳。朽人近来闭门思过，谢绝一切人事周旋。附奉上血书佛号一叶，希受收。不宣

四月十日　音启

八日佛诞会，到者近二百人，并摄影，诚盛会也。

一七

一九三九年旧六月十六日 永春普济寺

芳远童子澄览：

惠书忻悉一一。《忆江南》词等，深有意致。仁者神经衰弱，未可修治高中繁难诸课程，应专修国学为宜。

---

① 讲稿：指《佛教之简易修持法》。

蜀院固胜，宜俟时事平靖乃可往。现宜暂往沪校肄业。钱居士素未相识。附奉介绍与马居士简，可通讯也。郁居士[①]诗稿，无有存者。印稿，俟往泉州后盖之，因是间所存无多也。旧藏《观音宝相》二巨册（目录附奉览），拟以奉赠仁者，习览临摹。乞托便人来普济寺，向性常法师领取。拙书小联亦并奉上。来领时，乞携带大布包袱二件，油纸一张，以备包裹。至要。朽人衰病益甚。昨日始，晤客三日。后仍谢客习静。略复 不宣

六月十六日　音启

一八

一九三九年旧六月二十一日 永春普济寺

芳远童子慧览：

曩邮奉明信至太平港，想已收到。尊作篆书，甚佳。

① 郁居士：即郁达夫（1896—1945），名文，浙江富阳人。现代著名作家。1936 年 2 月应福建省主席陈仪之邀，任福建省政府参议、公报室主任。1937 年 1 月，登鼓浪屿日光岩拜访弘一法师，归福州，写了一首七律回赠弘一上人。1938 年 12 月，应新加坡星洲日报社之邀，主编《晨星》副刊，积极宣传抗日。1945 年 9 月被日军杀害于苏门答腊。

开芳居士遗作，诚见道之言也。山中颇凉爽，午后仅至八十六七度，入夜须覆重衾也。谨复，不备。

农历六月二十一日　　音启

“信壳书”，此邮票恐为他人窃去，故盖印后，再加封寄之。

一九

一九四〇年春　永春普济寺

自明日起，每日送粥两次，希为转知厨房。早晨送来时间，再延迟一点钟（一小时）送来。因余近来老病日甚，晨起手足无力，精神颓唐，不能早起床，故须再延迟一点钟也。午粥送来时间，仍旧十一点钟，不可迟。病态日甚，仅能食粥或地瓜。若干饭、菜饭、面，皆不能食，不可送来。

芳远童子慧鉴

音上

二〇

一九四一年十月八日 泉州开元寺

芳远居士慧鉴：

惠书敬悉一一。自当遵命闭关，力思往非。仁者慧根深厚，举世无匹。深望自此用功，勇猛精进。朽人近来病态日甚，不久当即往生极乐。犹如西山落日，殷红绚彩，瞬即西沉。故未圆满之事，深盼仁者继成之。则吾虽凋，复奚憾哉！

国庆前二日　弘一和南

二一

一九四一年冬 泉州开元寺

惠书诵悉。至用欣慰。朽人不久即往茀林，闭门养静。附奉与沫若居士[①]书，乞为转达，并代致虔仰之意，至祷。附题偈一纸，序文可乞竹庄居士为之。不宣

月臂

① 沫若居士：即郭沫若（1892—1978），四川乐山人。我国现代著名的诗人、历史学家、社会活动家。1914 年留学日本，原学医，回国后从事文艺运动，与郁达夫同为创造社主要成员。

二二

一九四一年旧十一月四日 永春普济寺

芳远居士澄览：

昨诵惠书，至用忻慰。近两年来，老病颓唐。于诸友处，罕通音问。《觉音》刊[①]，未见。承示诗词，以春城二句、烟雨句最胜。近将方便掩室，诵经持名。约至明岁夏初，乃可通讯。属撰诗序，亦俟明夏试拟。知劳远念，先此奉闻。

不宣

农历十一月四日　音启

二三

一九四一年旧十二月二十一日 泉州开元寺

惠书忻悉。朽人此次居泉两旬，日堕于名闻利养陷阱中，至用惭惶。明午即归卧苇林，闭门静修。特刊一册，附挂号邮奉。又复竹庄居士函，及与陆、严二居士写件，俟后，托传贯师寄上。先此略复 不宣

十二月二十一日　音启

---

① 澳门佛教刊物《觉音》月刊1941年2月12日，出版第20、21期合刊《弘一法师六十纪念专刊》。

二四

一九四二年旧元旦 晋江福林寺

芳远童子慧览：

前复明信，想已邮奉。兹寄上“红树室”额，并复蒋居士书及横披一叶。前者属撰诗词序，即以此书代序何如？今后将静养，暂未能通信。谨复 不宣

壬午元旦　音启

漳州顶田下刘绵松居士，英年好学，识见迈俗。仁者可常与之通讯，当获深益。彼之母子，皆依朽人而归信三宝也。附白

二五

一九四二年元宵泉州百源寺

芳远居士智览：

惠书诵悉。诸承关念，并示箴规，感谢无尽。此次朽人至泉城，虽不免名闻利养之嫌，但较三四年前则稍轻减。此次至泉，未演讲，未赴斋会。仅有请便饭者三处，往之。惟以见客、写字为繁忙耳。夫见客、写字，虽是弘扬佛法，

但在朽人，则道德学问皆无所成就，殊觉惶惭不安。自今以后，拟退而修德，谢绝诸务。以后于尊处，亦未能通信。倘有惠函，亦不披阅。诸乞原谅，为祷。前为严居士写就一纸，并奉上。仁者属写各体书，朽人出家以后即有未能，乞谅之。仁者属盖印事，此册前存性常法师处，将来托便人嘱彼寄还，因朽人前已盖奉，不须再盖。（种种失礼之处，乞格外原谅，至祷。）且佳印无多，不足观也。朽人现在结束一切诸事，未能应命，乞愍其老朽而曲谅之。

谨复 不宣

以后倘有他人询问朽人近状者，乞以“闭门思过，念佛待死”八字答之可耳。

壬午元宵日　音启

此次至泉州，朽人自己未受一文钱。他人有供养钱财者，皆转赠寺中或买纸用。往返之旅费，由传贯师任之。

附白

二六

一九四二年 泉州

书悉。仁者能于文艺有表树，至用欣慰。朽人早岁留滞东京，亦尝一度醉心于此。今年老矣，又入佛门，当不复措意。且绮语之类，佛所深诫，尤非沙弥之所宜言矣。竹老[①]之言，感佩万分。附书《灵峰遗语》一纸，可印卷首。世出世事，非一番苦心经营，其成就必不惊人。若欲超脱尘障，更须一番风霜磨砺，故迟退出版无妨也。

演音疏

二七

一九四二年 泉州

芳远童子澄览：

惠书诵悉，至用欣慰。见来书有唐人诗“西楼望月几回圆”句，知近境大进。音婴年亦喜此诗，今老矣，尚复如是。所恨蹉跎岁月，无所成就，愧见故人耳。仁者春秋正富，而又聪明过人，望自此起，多种善根。精勤修持，当来为人类导师，圆成朽人遗愿，谨稽首祝祷焉。

演音启

① 竹老：即蒋竹庄（雄乔）居士。

致刘光华

一九三七年十一月一日 厦门万石岩

光华居士道席：

仁者见此信后，应生悲痛，因尊翁克定上人[①]已于前日因病谢世矣。尊翁在家时，为余之再传弟子。（尊翁入南京高师时，余已出家，由旧生周玲荪任课。）出家后，于去年一月到厦门，依余学习戒律。今年五月余到青岛弘法，尊翁仍居厦门。十月中旬余返厦门，尊翁即来同居。数日后患泻疾，后渐沉重（泻止体弱，不肯服药），至上月三十日下午二时余谢世。病重时，由同学诸师照料如法。三十日上午即轮流念佛，助其生西，余亦屡加策励。命终时无有痛苦，舍报安详。次日入龛时，四肢柔软如生，似有生西之象。因时事不宁，未能久停，已于三十一日下午三时焚化。厦门近状，想仁者于报纸中可知其概。余誓不移动，愿为厦门诸寺院护法，共其存亡。

尊翁生平事迹，乞仁者暇时写其概略寄下，余愿为之

① 克定上人（?—1937），俗姓刘名儒，字绍成，江苏扬州人。毕业于南京高等师范，为李叔同再传弟子。蒋雄乔任江苏教育厅长时，曾任该厅视学；后随蒋氏至上海任商务印书馆编辑，有著作多种。其学佛因缘及何时何地出家，已无可考。只知他1936年曾住福州鼓山从慈舟法师学律；后至厦门从弘一法师学律，持戒精进。不久示寂于厦门南普陀寺。

作传。通讯乞寄厦门中山公园妙释寺转交弘一收。

谨此奉达 不宣

十一月一日　释弘一启

尊翁遗物，已分赠诸僧众。其中有仁者来书二通，附奉上以为纪念。

致陈海量

陈海量，一九一〇～一九八二，浙江天台人。

早年在闽，曾亲近弘一法师。

后至上海，佐陈无我居士编辑《觉有情》杂志，弘扬佛法，颇多尽力。

一

一九三八年正月十六日 晋江草庵

海量居士道鉴：

不晤近十载，至为悬念。朽人尔来未与外间通信。兹因有极重要事，故破例致书兴仁者，略陈其概。传如师[①]近管理水云洞[②]，体弱多病，数年前修习世间文章，于佛法罕有所知。近惟终日招待香客，督理农务，几忘却出家之本务，至为可愍。朽人未能与彼常晤谈，即偶谈时，亦未能尽言，未能直言。朽人反复思维，惟有乞仁者速来南闽，与传如师同住，时时规劝，尽力扶持。俾传如师能得精进向道，而仁者居此乡间闲静之寺中，亦可安心用功，胜于沪上多多矣。务乞垂怜故人传如师近况，深加悲愍，速命驾来闽，至为感祷。

不宣

正月十六日　音启

---

① 传如：为一青年僧人法名。

② 水云洞：即福建南安雪峰寺下院。

二

一九四一年正月十三日 南安灵应寺

海量居士澄览：

兹寄慧园[①]胜通款二纸，乞转交厉居士。其余三纸，乞便中附寄与高居士。迟迟无妨也。去岁灵岩寺主[②]嘱撰大师[③]略传，至今犹未动笔，至用歉然。因撰此传甚为不易，若稍赞誉则违遗训；若太平淡则不契时机，故迟迟有待。

前云之轶事一篇，不久即可撰奉。

谨陈 不宣

正月十三日　音启

---

① 慧园，姓厉，皈依弘一法师，号胜通。法师寂后，编有《弘一大师年刊》。

② 灵岩寺主：即苏州灵岩山住持妙真法师。

③ 大师：即印光法师。

三

一九四一年 晋江福林寺

海量居士澄鉴：

觉圆法师近拟辑《药师圣典》，欲至上海居士林遍检各种《大藏经》，抄写资料，应在上海居住多时，乞仁者为之介绍住处，能住居士林内尤善。并为之护卫一切，以成就彼之弘愿。至用感谢。

谨陈 不宣

音启

致郁智朗

郁智朗 生卒年不详，浙江宁波人。

发心欲从弘一法师出家，法师以生平不收剃徒谢之。

但为他多方筹划，介绍明师。后以因缘不具，未果。

一

一九三八年四月 厦门南普陀寺

智朗居士道席：

惠书诵悉。承施金，感谢。当来厦门战事平静后，拟移居乡间。现在仍须居厦门，未能他往也。近阅《灵峰宗论》，有诗一首，附录于后：“日轮挽作镜，海水挹作盆。照我忠义胆，浴我法臣魂。九死心不悔，尘劫愿犹存。为檄虚空界，何人共此轮。”

谨复 不宣

演音疏

二

一九三八年中秋节 漳州祈保亭

智朗居士道席：

前上明信，想已收到。近获惠书，具悉一一。为令兄书一纸，附奉上。是间天气犹炎热，近九十度，迟月余或返泉州，再为仁者书写一二纸也。如闽南时局变化，则未能往。漳州至泉州三百里，车路已坏损，惟可步行或乘肩舆耳。以前朽人悬揣仁者为老儒，今诵来书，乃知仁者大兄年仅四旬，未知仁者年龄若何？具此学识，何以任事于酱园？又仁者与九龄居士为同族否？朽人约于月余返泉，仁者仍可通信至漳州一次，以后改寄泉州承天寺转交。刘质平居士如在宁波中学，亦乞代达此意。

不宣

中秋节　演音启

三

一九三九年三月二日 泉州承天寺

智朗居士慧览：

前复函，想已收到。顷转至二月三日尊函，欣悉一一。拙书一叶，附奉上。令侄书中未曾提及法名，今遽书写，似有未可。拟请仁者寄与海量居士，托彼先为陈说劝导，后再以拙书付彼可耳。朽人近云游诸方，住址无定。仁者获此书后，乞勿复。谨达 不宣

三月二日　音启

四

一九三九年四月二十七日 永春普济寺

智朗居士澄览：

惠书诵悉。仁者发心出家，至用欢赞。但剃度之师，以灵岩山监院代理住持妙真法师最为适宜。将来即可久居灵岩，由师为之护助一切也。朽人自初出家后，屡在佛前发誓愿，愿尽此形寿，决不收剃度徒众，不任寺中监院或住持。二十余年以来，未尝有违此誓愿。希仁者鉴此苦衷，而曲谅之。近年小疾频发，精神颓唐。以前学律诸师，久已分散。不久或即往生西方。当来在彼世界，可与仁者常相欢聚耳。拙书一纸，附奉上。

谨复 不宣

音启　四月二十七日

五

一九三九年四月　永春普济寺

智朗居士文席：

惠书诵悉。辟谷①似可不须，出家事亦勿执着。惟自忏悔业障，厚植胜因可耳。莲池大师云："求之既不可得，却之亦不可免。"乞仁者深味此言，素位而行，以待因缘成熟。拙书一纸，附奉上。不久即他往，以后乞勿来信。当来通讯处，俟后奉闻。

演音启

六

一九三九年六月十日　永春普济寺

智朗居士道席：

惠书诵悉，至用欣佩。朽人于出家后，曾发誓不蓄剃度弟子，友人多知之。凡有来乞剃度者，一概辞谢，未能承命。今重违仁者厚意，十分抱歉。希格外原谅，为祷。偈句附奉上。不宣

六月十日　音启

① 辟谷：为我国古时气功之一法。指不食五谷，可以长生。系道家之说。

七

一九三九年旧九月十二日 永春普济寺

智朗居士文席：

前复书，想已收到。本月二十日为朽人六旬初度，即以仁者前施之八金，在寺供奉缁素诸众，广结善缘。并拟自是日始，掩关习静，暂未能通信。他处寄来之信，亦付邮寄还。俟将来他往时，再以奉闻。谨达 不宣

音启　九月十二日

八

一九四〇年六月十七日 永春普济寺

智朗居士清鉴：

前奉书，想已收到。仁者发心出家，志愿诚恳。朽人以宿誓故，未能违越，深负盛意，迄今时用歉憾。窃思闽南颇有高僧，如泉州乡间某寺转法老法师，高年隆德，为是间众所钦仰（通达教义，专修净宗，行为高洁，一生曾任大寺之方丈、监院等）。朽人已托人预为商请，

未审尊意何如，但仁者来闽之时，须俟秋凉后或冬初，其时朽人大约可返泉州相晤谈也（约在中秋后离永春）。

谨询 不宣

六月十七日　音启

朽人自闭门养病后，与外间罕通音问。

朽人致与仁者之信函，乞勿转示他人。至要。

九

一九四〇年旧七月十五日 永春普济寺

智朗居士慧鉴：

惠书诵悉。朽人已托性常法师致书与转法老和尚商恳。能荷慈允，固善，否则亦请性常法师代觅请他位良师（闽南各县）。性常法师为在朽人处学律资格最久者，今居普济下寺，为朽人护法照料一切。朽人所居者为顶寺，一人独居，距下寺约半里。彼于仁者出家之事可以负责介绍，即朽人不久往生西方，彼亦可负责继续进行也。仁者于下次来信时，乞附写一笺与性常法师致谢一切。

海道被封，若由陆路来闽至为困难，证书亦不易请求。

但时局不久即可平靖。乞仁者俟时局平靖，海道开通，然后再来，乃为稳妥也。剃度师请妥，来闽之期延迟无妨。宜俟时节因缘，未可勉强急迫也。

前函承关念一切，至用感谢。永春距海口有两日路程，且深山幽僻，战事无碍。常人惟惧邻县土匪，然亦不须介意也。

朽人于八月间他往否，未能定。须待时局稍靖，又须身体康健也。以后惠书，仍寄永春。朽人倘他往者，亦可转送。又朽人自本月二十九日始，闭关圆满，可以照常通信见客。以后惠书，乞直写普济寺内弘一收即可达到，无须托人转交也。

来书所谓潜行出走，朽人窃以为未可。若如是者，将来恐不免纠葛。倘仁者之妻来闽寻觅，谓仁者言：若不偕归者，即决定于仁者面前自杀。当此之时，仁者若任其自杀，则有伤仁慈；否则只可偕归矣。依朽人拙见，拟定一办法如下，以备采择。仁者宜向店中请假七日，返家。于七日中，专心持念观世音菩萨圣号，涕泣哀恳，乞菩萨垂慈，令妻室发心出家，令长兄、岳母于仁者夫妇出家之事，欢喜赞叹，不加阻障，云云。七日圆满，即发信与长兄、岳母陈明此事。并于妻室前，宣布此决定之办法。如是先令妻室出家为尼，并经长兄、岳母欢喜许诺，乃为稳妥也。朽人出家以前，亦先向眷属宣布。其他友人有潜行出走而出家者，多无好结果。与其出家后而返俗贻人讥笑，不如不出家之为善也。拙见如是，希垂察焉。

闽南百物昂贵。海船不能运货来，土产甚少。仁者来时，宜携带在家之布衣。俟出家后，改为出家衣衫。棉被亦宜带来。去年朽人制薄棉被一件价近三十元。闽南气候较暖。米价每担百元上下。冬季着小棉袄一件已足。其他夹衣、单衣宜带来。夏布衣宜多带，闽南夏季甚长也。

出家之人，应学朝暮课诵，并宜熟背诵之。此文载在《禅门日诵》中，乞仁者预先学习。书中何者宜读，何者不须读，乞询宁波出家人，即可言之。此纸于今晨匆促书写，言不尽意，其中或有讹字，乞亮之。谨复 不具

七月十五晨　音启

一〇

一九四〇年旧八月初四日 永春普济寺

智朗居士澄览：

前复信片，想已收到。今晨，始获转法老和尚复函，犹谦让未遑。但将来若再面求，大约可得慈诺也。此事，系托性常法师代为介绍。将来仁者来闽时，可由性常法师陪送仁者往老和尚处。万一老和尚犹不允，可请性常法师再介绍他位良师。朽人或不久生西，亦由性常法师负责介绍，必不中止。乞仁者安心静候，为祷。性常法师与朽人同住。仁者宜先致函，陈谢一切耳。仁者来闽之期，似宜延缓。水路不通，旱路不便。且是闽物价十分昂贵，仁者现在若即来此出家，于事实上殊多困难。又前仁者来函所云托代领旅外证，是教人妄语，有所未可。且领证亦非易事。故拟请仁者安心静候，以待时局稍定，再与性常法师斟酌妥善进行之办法。请剃度师之事，既由性常法师负责，乞仁者无须愿虑，仍暂就职业，以待时节因缘可也。前来书所谓潜行出走，朽人窃以为不可。若如是者，将来必不免纠葛。宜先向家族诸人陈明，至要至要。朽人出家以前，亦先向眷属宣布。其他友人有潜行出走者，多无好结果。若妻来寺寻觅，以于当面自杀而迫喝之。将任其自杀欤，抑偕妻归家欤，此事不可不预虑及，慎之慎之。障人出家有大罪。今录《出家功德经》文如下，此依《南山行事钞》中引文写录，经云："若为出家者作留碍抑置，此人断佛种。诸恶集身，犹如大海。现得癞病。死入黑暗地狱，无有出期。"（以上经文）乞仁者以此经文为家族诸人详释之，或可消灭阻止之意也。朽人不久或移居他处。以后惠函仍寄永春，即可转送。时局近多变化，暂未能返泉州也。仁者在家之布衣及棉被，将来或须携之来闽。此间布价极昂，棉花尤昂。在家布衣可以染色而改制也。以后惠书，乞仍写弘一之名。

谨复 不宣

八月初四日　音启

一一

一九四〇年旧九月十五日 永春普济寺

智朗居士慧鉴：

惠书诵悉。仁者出家之心急切，可见道念坚固，至用欢赞。但或因缘未具，亦不宜操之过急，致更引起种种障碍也。莲池大师云："达宿缘之自致，了万劫之如空，而成败利钝，兴致萧然矣。"乞仁者熟诵之。承询毛织物可用否？案此类品物，或是不杀兽命而仅翦取其毛者。南山律祖云："翦毛存命，诫用显仁，故开服着。"是以现今僧众多用之，但亦有人不欲着用者。仁者旧贮之毛绒衫及毯子，即可赠与家族。乞在宁波定制僧用之小棉袄一件带闽可耳。闽南冬季无雪，仅此已可过冬。制此物时，宜托善制僧服之裁缝工人（宁波甚多），用墨色即深灰色老布作面及里，形式阔大，宜依老年僧众着用者之形，万不可用青年僧众之美观时式。不可对胸，至要。此外再做僧用之小衫及袴各一件，或各二件，亦要墨色老布制。因闽南布价极昂，以上数件，乞在宁波做好带来为宜。仁者随携来闽之白布小衫袴两套（在家形），亦乞在宁波将此物染成墨色。仁者自己如不能染，乞托裁缝工人染之。小棉被一条，能染成墨色尤善。被面及里皆然，俾免到闽后再费周折也。仁者拟汇洋五十元来闽（不宜多），可备零用。至于衣被等物，如上记携来者数件外，皆可请剃度师交设法募集他人之旧物用之，暂缓新做也。闽南物价极昂。近一月余，海口被封，沪港等处物品皆不能运入，故物价益巨。米价已涨至每石百二十元。去春仅五元余。去冬朽人制薄棉被一件，价近三十元，现今益昂。故仁者来闽后，暂不宜制办衣物也。仁者此次来闽，着俗人之服装而携带僧服，恐受兵警之盘诘。故朽人另写一笺，内述仁者欲来闽出家之意。乞以此纸示彼军警人士可也。又仁者来泉州时，先住开元寺，亦即用此笺作为介绍书。乞仁者到寺后，以此笺示寺僧，即可优待一切也。仁者到寺后，即写信挂号寄与朽人，即可托性常法师到泉州接洽一切。性常法师现住泉州。尊书，俟彼返时面交。

匆匆略复 不具

九月十五日　音启

致李鸿梁

李鸿梁 一八九四～一九七一，浙江绍兴人。

弘一法师任教浙江一师时的学生，毕业后曾受老师之命，前往南京高等师范代课。

一九二二年八月～一九二三年八月任教厦门集美学校。善绘画、音乐。

一

一九三八年旧五月二十三日 漳州瑞竹岩

于厦门变乱前四天，朽人已到漳州弘法，幸免于难。今在乡间暂住。俟车路通时，乃能返泉州，其时再致书奉闻也。

旧五月二十三日　演音上

二

一九三九年旧九月十二日 永春普济寺

六旬初度，灾难未宁，老病频增。拟在永春山中，掩关习静。以后，暂未能通信。俟将来往他方时，再以奉闻。

谨达 不宣

九月十二日　音启

致叶青眼

叶青眼　一八七五～一九六六，福建泉州人。

曾参加辛亥革命。晚年学佛，任泉州开元慈儿院院长多年。

一

一九三八年旧五月一日 漳州瑞竹岩

叶青眼居士：

久不晤，为念。前到厦门讲经毕，即往漳州，仅四天，而厦门遂难作矣。在漳州曾演讲一次。现住东乡瑞竹岩静养。通讯由漳州南山寺转交。性常法师仍居住开元否？乞代致候。略达 不宣

五月一日　演音上

二

一九四二年三月初十日 惠安灵瑞山寺

青眼居士慧鉴：

顷奉诸居士公函，厚爱诚挚，感谢无尽。拟于旧历二十五日后动身。此次至泉，依去年与仁者所约定者，暂住温陵养老院。同行已请定觉圆法师，及陈天发童子，与朽人同住院中。由彼照料一切，至为妥善。谨此预达，不宣。诸居士乞代致候，并达谢忱。恕不另函

三月初十日　音启

致施慈航

一

一九三八年旧九月十二日 漳州瑞竹岩

慈航居士文席：

居漳半载，诸荷护念，至用感谢。拟于明晨启行，未敢劳诸善友相送。将来有缘，仍可再来漳也。尊翁及尊元诸善友，均乞代为致候。谨陈 不宣

戊寅九月十二日　演音启

以后如有属书者，乞写其名款寄下，并注明小联或小中堂字样，即可写奉。无须寄纸来。倘寄纸来者，亦未能书写也。若是出家人或女居士，亦乞注明。

二

一九三八年旧九月二十六日 晋江安海

慈航居士慧览：

前上明信，想已达。二十日抵安海，居水心亭。约下月望后，乃他往。前在闽漳，与仁等时相过从，至为欢忻。今离群索居。怅惘何已。上海陈无我居士处，已致函托

彼，常常寄诸佛书至尊寓，广结善缘。他日倘收佛书后，乞随时通信致谢。彼居上海慕尔鸣路第一百十一弄第六号世界新闻社内。谨陈 不宣

旧九月二十六日 演音启

三

一九三八年旧九月三十日 晋江安海

慈航居士慧鉴：

惠书诵悉。朽人居安海已近一月，讲法数次，听众甚多，近七百人。不久，拟返泉州乡间草庵。附奉三联，一赠与杨遂厂，一赠与林春元（字仲山，丽华斋印泥店），一赠与王文象即前余动身时送余乘船至石美者。均乞转交为感。弘化社寄来之书，乞随意分赠，并乞赠二册与邮局林值人居士，至祷。以后随时有他处寄赠诸书，皆乞仁者随意分配赠送，无须来函询问也。不宣

演音 九月三十日

四

一九三八年旧十月十五日 泉州承天寺

慈航居士礼席：

近奉惠书，悉尊慈谢世。承仁德诵经念佛之功德，当可往生善道，或生莲邦，无复疑虑耳。朽人居安海一月，近返泉州居承天寺，明年暮春或往永春也。尊翁乞代致候。令兄伯初居士居香港久，当已归信佛法，乞以《人生指津》与彼阅览，应深生欢喜心也。以后各处寄佛书至尊处者，乞随宜赠送。附寄《人生之最后》等一包，乞察收。

演音启　十月十五日

五

一九三八年旧十一月二十四日 泉州承天寺

慈航居士礼席：

十七日所发惠书，诵悉。仁者善根深厚，发心归信三宝，至可庆慰。拟定法名为胜慈二字。至于归依仪式，俟将来晤面时乃可行之。附奉拙书一纸，即可证明仁者

归依之心已成就也。谨复 不宣

演音启　戊寅十一月二十四日

自十二月一日暂闭关用功，俟数月后乃可通信。附白

六

一九三八年旧十二月十五日 泉州承天寺

慈航居士礼席：

本拟掩关习静数月，乃人事纷忙，竟未如愿。到泉州后，已写字五百件左右，近复编录安海讲稿，明正即可付印。二月拟往永春，因久已约定，不得不往也。刘绵松居士青年好学，笃信佛法，以后拟常常访谒仁者，乞延接晤谈为祷。谨达 不宣

旧十二月十五日　演音启

七

一九三九年正月十四日 泉州承天寺

胜慈居士礼席：

惠书诵悉。属书之件，俟旧历二月十日后，严笑棠之友人到泉州时，带上。尚有《华严经疏科》一巨册，为李圆净居士赠与公阅处。又《安海法音录》若干册，乞由流通处分送可也。以上各件，共为一包，托严居士转奉。朽人不久或往永春，暂未能通信。谨复 不宣

二十八年正月十四日 演音启

《安海法音录》，为在安海所演讲之本，共印数万册，约在二月初出版。先奉上若干册。

以后倘再需者，乞致信与承天寺性常法师请取。附白

八

一九三九年正月二十八日 泉州承天寺

胜慈居士慧鉴：

去岁十一月二十七日惠书，昨始披览。竹禅居士[1]书，亦于昨日披阅，欣悉一一。仁者如晤竹禅居士时，乞代致意。朽人前拟掩室静养，以事务冗忙，卒未如愿。自前日始，已如常晤客通信矣。下月拟在本寺讲经。往永春之行，尚未能定。兹托友人之便，带上一大包。内计《华严经疏科表》一大册，赠与佛经公阅处。横额一纸，乞转交笑棠居士。崇经堂额公阅处牌二纸，已与仁者。直幅二张，乞转交沈伯荪居士。《安海录》尚未印出，大约印四千册，前函云数万册误算也。俟以后觅便带上若干册。种种费神，感谢无尽。不宣

音启　正月二十八日

---

① 竹禅居士：即蔡竹禅（1896—1966），又名大勋，福建漳州人。时任漳龙汽车公司董事长。其父蔡潮初，清末拔元，后放弃仕途业医，为一代儒医，行医积善，远近闻名。弘一法师曾为其撰像赞，书于漳州东郊云洞岩之鹤鸣祠中。

致许晦庐

许晦庐，名霏，福建晋江人，金石美术家。

一九三八年秋 泉州温陵养老院

晦卢居士文席：

惠书诵悉。诸荷护念，感谢无已。朽人剃染已来二十余年，于文艺不复措意。世典亦云："士先器识而后文艺"，况乎出家离俗之侣。朽人昔尝诫人云："应使文艺以人传，不可人以文艺传。"即此义也。承刊三印，古穆可喜，至用感谢。篆额二纸，率尔写奉。十四五岁时常学篆书。弱冠以后，兹事遂废。今老矣，随意信手挥写，不复有相可得，宁计其工拙耶。数日后掩室习静，谢绝访问，数月之后，乃可与诸友通问讯。其敏居士[①]乞代致候。不宣

音启

① 其敏居士：即史其敏，福建泉州人。时于晋江安海开办白燕木刻艺术社、春光摄影艺术社。

致王拯邦

王拯邦 一八八一～一九四七，一名正邦，福建南安人。早年参加同盟会，后业医，行医于泉、厦门，颇具盛名。

一

一九三八年旧十月二十八日 泉州承天寺

正邦居士道席：

惠书诵悉。前由漳州到安海，住一月。近已返泉州，居承天寺。今年在各地弘法甚忙，法缘殊盛。在安海演讲，听众近七百人。近返泉州，军官来谈者甚多。但自惭道德学问皆无成就，勉力支持，至用汗颜耳。前广洽法师所印拙书《金刚经》，所存无几。此书接引新青年至为逗机。军官等阅此皆生善心，功德尤大。乞劝广洽师发心募印再版。能印数千册广赠尤善。仍托上海费范九居士经手印刷，最善也。

通讯处仍是威海卫路影印宋藏经会，乞先通信接洽。

不宣

演音启　十月二十八日

二

一九三九年春 泉州承天寺

拯邦居士道鉴：

屡荷惠施枇杷膏，感谢无尽。

今正元旦始，已讲律典。

老体尚健，获服良药，当益康胜耳。

谨复 不宣

演音启

致马冬涵

马冬涵 一九一四～一九七五，又名晓清，福建漳州人。

精篆刻，为弘一法师所赏识。

此信一度被误作致许晦庐居士之书。

后发现真迹，始知为致马冬涵者。

一

一九三八年旧十月二十九日 泉州承天寺

冬涵居士文席：

惠书诵悉。承示印稿，至佳。刀尾扁尖而平齐，若椎状者，为朽人自意所创。可随意制之，寻常之椎亦可用。

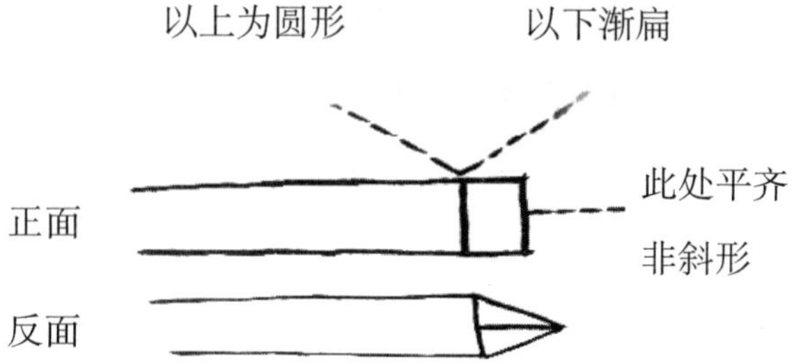

椎形之刀，仅能刻白文，如以铁笔写字也。扁尖形之刀，可刻朱文，终不免雕琢之痕，不若以椎刻白文，能得自然之天趣也。此为朽人之创论，未审有当否耶？属写联及横幅，并李、郑二君之单条，附挂号邮奉，乞收入。以后属书之件，乞勿寄纸，朽人处存者至多也。仁者暇时，乞为刻长形印数方，因常需用此形之印，以调和补救所写之字幅也。朽人于写字时，皆依西洋画图按之原则，竭力配置调和全纸面之形状。于常人所注意之字画、笔法、笔力、结构、神韵，及至某碑、某帖之派，皆一致屏除，决不用心揣摩。故朽人所写之字，应作一张图按画观之斯可矣。不唯写字，刻印亦然。仁者若能于图按法研究明了，所刻之印必大有进步。因印文之章法布置能十分合宜也。又无论写字刻印等，皆足以表示作者之性格，此乃自然流露，非是故意表示。朽人之字所示者，平淡、恬静、冲逸之致也。乞刻印文，别纸写奉。谨复 不宣

旧十月二十九日　演音疏

二

一九三九年正月十六日 泉州承天寺

晓清居士澄览：

惠书诵悉。所刻各印，甚佳。佛像尤胜。仁者将来，可以刻佛像印百方，辑为百佛印谱十卷（每十印及边款共数十叶为一卷），流传世间。亦可以艺术而弘传佛法

利益众生。想仁者当甚欢赞也。西泠印社或未迁移，乞先写明信片询问，然后再汇资购书为妥。

尊字拟定如下：

若涵字作水释，字曰寒渟。渟，古义为澄清安静之意。唐鸿山佑禅师语录云，譬如秋水澄渟，清净无为，澹渟无碍。寒字，以冬而言。

若涵字作化育释，字曰慈昱。昱者，日光也。因冬涵，有冬日可爱之义。冬者岁寒，正是世界黑暗众生愁苦之时。能发大慈心，救护一切众生，犹如杲日当空遍照一切，普令众生皆得安乐也。前字幽秀，此字伟大。

谨复 不宣

农历正月十六日　演音

疏答时年六十   此小印为安海许晦庵居士刻

此印为李鸿梁所刻，久为友人请告。乞依此形像，再刻一方。一切皆如原样，像之下为莲花座。

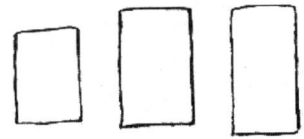

此三印乞刻白文

其文如：

印石大小乞依此形，因欲以此配合字体也。原石若大者，乞磨治如此形。勿用佳石，因出家人不宜用佳石之印也。

一、六十后作

二、名字性空

三、不拘文字

四、龙臂　臂字可以略作辟

五、无相等

乞择用之

冬涵居士文席　惠書，誦悉。承
刊印，大佳。數日間已印用數十次矣。以後
仁者暇時，再乞為刊四印，乞刊白文，印石不
須佳也。
葉二游（近或改名）居士晉江人（青眼居士之子）現肄業長泰
高中校。舊曆年前乎返晉江。
仁者刊就時，或交彼帶下，或俟他日之便，皆
可。朽人自明日始，為短期掩關數月，以資靜養。
謹陳，不宣。

正月十九日　演音啟

三

一九三九年正月十九日 泉州承天寺

冬涵居士文席：

惠书诵悉。承刊印，大佳，数日间已印用数十次矣。以后仁者暇时，再乞为刊四印，乞刊白文，印石不须佳也。叶二游（近或改名）居士（晋江人，青眼居士之子），现肄业长泰高中校，旧历年前可返晋江。仁者刊就时，或交彼带下，或俟他日之便皆可。朽人自明日始，为短期掩关数月，以资静养。

谨陈 不宣

正月十九日　演音启

致刘绵松

刘绵松 一九一九～一九八三，福建漳州人。

一九三八年弘一法师为其取法名胜华。

一

一九三八年旧十一月二十六日 泉州承天寺

绵松居士文席：

前函所述各事别答如下：

一、编辑文稿之事，由朽人自编。或用或删，排列，定名，皆由朽人自己裁酌。数年前，已略拟定办法。名目决定不用“文钞”之名。因朽人旧作，可取者甚少，仅能编成两小册而已。

二、《晚晴寐语》内容、序、传等约二十余篇，平庸之作，皆力删之。

三、讲稿数篇名尚未定。其平庸之讲稿，皆不编之。

此外，如手札诗偈等，罕有可取，决定不编入。编辑之主旨，在于精不在于多。应编入之材料，数年前，居厦门时，已收集，现存厦门万石岩箧中。将来时局平靖，朽人自往厦门，整理编辑。倘有缺少者，由朽人自己觅求甚易，无须征集。仁者所编计划书，至为精密，但意在广辑巨帙，洋洋大观，此与朽意未合，乞亮之。

朽人在家，曾有时见昔贤所撰之文或诗或词等数首，叹为精绝。亟欲览其全集，以广眼界。及至求得其全集，亘数十卷或百卷，而披阅之，乃大为失望。因其一生之作，所谓精湛者，仅此数首而已。其他皆平庸敷衍，毫无可取。昔贤之全集，大半如此。朽人在之时，屡于是而兴失望之叹矣。唐韩　诗仅一卷，皆精美，岂必以多为贯哉？

朽人出家之宗旨，决不愿为文字之法师。今所拟自编之两小册，亦是未能免俗，聊复尔尔。岂期以此而传诸久远流芳万古耶？故关于编辑文稿之事，乞勿视为重大。俟朽人能往厦门时，随意编定目录，再由仁者为之抄写而集辑之。今且置之度外可耳。

四、尊母法名，上一字误写。因朽人神昏，不及详察。但亦可用。母子之名，上一字相同，无妨。昔有归依印光法师者，命名亦恒如是，与俗例异也。

五、仁者所编《药师如来法门讲述录》甚善。将来再版时，尚有数处宜变动。

目次，应移至内封面后，序文前。朽人近影，宜删去。因与佛像并列，不恭敬。

正文第一页第一行，即“药师如来法门讲述录”之大字一行，宜删去。将第三行“药师如来法门略录”八字，改为大字，列入第一行之地位。如是，乃与下二种标名之格式相同。

第一种《法门略录》之标点，有脱略者，宜校正之。

第二第三种，皆由他人具名记之。应列其名于文后。第二种，列于第十三页第四行之地位。第三种，列于第十九页第七行之地位。补云，某某记录。

附奉上拙书两纸，乞随意赠送。天寒手僵，率复，不备。

农历十一月二十六日　音启

此信及前次之信皆乞无须示人

二

一九三八年旧十二月二十五日 泉州承天寺

绵松居士慧览：

昨夕奉惠书，披诵至用欢喜。仁者善根厚植，归信佛法，甚可赞叹。拟于元旦日书写三宝名寄上，以证明仁者发心归依三宝之意。仁者之母亦宜归依三宝，拟写佛号一纸奉上。仁者之母，法名惠瀞。仁者法名，曰胜华。拟于元旦日书小堂幅二纸，即写法名，以为归依记念。

又有旧写就之小联二对，亦题款一并寄上。又附上佛书数种，并为一包，于元旦日付邮寄奉。朽人亦五岁丧父，依慈母抚养成人。余与仁者，同是节母之子，必当尽其诚意，以佛法教导仁者。惟明年上半年恐不能到漳州，因已与永春约定，春暖时即须往永春也。余与仁者道义之交，虽隔千里，犹如一堂晤对。希勿以形骸阻隔而介意也。朽人昔居漳时，恒与施慈航居士晤谈，近来亦常常通信，所有赠送之佛书亦寄彼处。仁者暇时，可以常至彼家晤谈，必能获益甚大也。

仁者以后，应常与老母讲说佛法。以后朽人寄去之书，应与老母共学之。宜常念阿弥陀佛及观世音菩萨名号，并随己意读经数种。以此功德，回向众生，同生西方，齐成佛道。先此略复，余俟后陈。不宣

附奉上摄影一纸。

旧十二月二十五日　演音启

附二笺乞为转交：

施慈航寓东门新行街八十六号

严笑棠寓九龙饭店

三

一九三九年旧元旦 泉州承天寺

绵松居士文席：

前复函，想已收到。兹寄上各件如下。

△拙书四种

又石印《心经》一纸 又《金刚经》一册

拙辑《地藏菩萨灵感录》一册 助友人辑

《寒笳集》一册 此为警策身心之书 宜常常阅览

《人生之最后》一册 《清凉歌集》一册

演讲稿数种

按拙辑之书及拙字付印者甚多，今就现存者检奉如上。

△此外，有师友所辑之书数种，并奉上。

《到光明之路》一册，《旅行者言》二册，皆是诱导新青年学子之作。

《皆大欢喜》二册，《乱世靠山》一册，皆是说因果报应之书。

《法会法语》一册，《净业指南》一册，《学佛浅说》一册皆是净土法门之书，极切要。仁者及老母，宜依此行持。

《净土法会课仪》二册，《普贤行愿品》一册，仁者及老母应读诵之经典。

《地藏菩萨圣德问答》一册说菩萨之事迹。

希受收。朽人未能来漳，仁者勿生忧恼。仁者母子，今皆为朽人之弟子。自今以后，仁者等能依朽人所教，深信佛法，念佛诵经，求生西方，则虽千里，有如一堂。否则虽终日聚首，心意扞格，如隔万重山矣。去冬在安海讲稿，不久即付印，后再续寄。施居士乞代致候。不宣

己卯元旦　演音疏

四

一九三九年正月十四日 泉州承天寺

绵松居士文席：

两奉惠书，具悉一一。承施龙眼干，感谢无尽。

前函所云二事，其一乞阅《佛教概论》《中国佛教史》皆上海商务书馆出版，闽南未必有也。其二甚是，初学研究佛书，必不能尽解，可以随检《佛学辞典》，于不解者可勿措意，久之自能贯通耳。

嘱书之件，俟旧历二月十日后，托严笑棠居士之友人带上。朽人不久或往永春，暂未能通信。谨复 不宣

旧正月十四日　演音启

五

一九三九年旧十月十日 永春普济寺

胜华居士慧览：

惠书诵悉。至用忻慰。下月时事平靖，拟即往鼓浪，转渡菲岛。否则或稍延缓也。所辑讲述录，至善。所云生平及其他者，须俟朽人生西后乃可流布。至要至要。若余在世之时即出版者，将招他人之嫉忌，于弘法前途大有妨碍。拙书二叶，附奉上。友人高胜进居士撰《韩偓评传》，前年在上海开明书店排就未印，即毁于兵燹，近复重编写就。朽人再为撰序，附录奉览。

唐季变乱，中原士族徙闽者众。偓以孤忠奇节，抗忤权奸。既遭贬谪，因隐南闽。蔬食修禅，冥心至道。求诸季世，亦希有矣。胜进居士为撰偓传，以示青年学子。俾闻其风者，

励节操，祛卑污，堪为世间完人，渐次重修佛法。则是书流布，循循善诱，非无益矣。夫岂世俗文学典籍，所可同日语耶。撰录既竟，为题其端，爰志赞喜云。岁集鹑尾秋暮晚晴老人。

农历十月十日　音启

六

一九四二年正月十六日 晋江福林寺

胜华居士澄览：

前日复书，托笑棠居士转致，想已收到。顷奉惠书，具悉一一。此乃小事，不须介意。兹复奉上一叶，又子恺来信，及马晓清居士印稿，并以奉赠仁者收藏。马居士住漳新行街，现任职于长泰罗山中心小学。其印稿中加圈者五印，皆为朽人刻者。谨复 不备

农历正月十六日　演音疏

七

一九四二年八月二十二日 泉州温陵养老院

胜华居士慧览：

惠书诵悉。九月三日始，即掩室著书，谢绝一切。以后虽住址迁移无定，掩室仍应继续。所有外来之信件等，皆由他人代收阅，或径退回，朽人未能披览也。丰居士处，已近两载未通信，可见朽人之疏懒颓唐矣。附奉上写幅，以为纪念。此外皆未能书写，以后亦即停止通信，诸希鉴谅为祷。谨复 不宣

八月二十二日　音启

致黄幼希

黄幼希 一八八四～一九五八，名十复，福建永泰人。

早年留学日本，精通英文。曾任上海商务印书馆编辑。著有英文字典多种。

学佛后，精研佛学，于《华严》尤有心得。著有《佛教概论》(万有文库本)。晚年主持上海普慧大藏经会多年。

一九三八年除夕前二日 泉州承天寺

幼希居士道席：

不晤倏已十载。近闻仁者校定《华严疏钞》，至用欢赞。朽人亦久有此志，但衰老日甚，无能为力耳。前所校点《玄谈》，亦仅自备披览，中多讹阙，且未及与《大正藏》本对校，简陋殊无足观，故不寄奉。兹述鄙意数则，以备参考。

一、《玄谈》古会本（徐居士疑出自唐代），其文《明藏》即是《弘教藏》之本，中疏钞别行本之文，不同者甚多。

二、考《会玄记》之牒疏钞文处，可以见《会玄记》所依之本与《明藏》本不同者甚多，亦可考证《明藏》本之讹字。

三、金陵新刊本《玄谈》之圈点句读，唯依文意之大致。若参考《会玄记》，其句读应改正者不少。

四、《悬谈》第四卷以下钞文中，略去疏科者甚多，此非后人所删。

五、《会玄记》常州新版，讹误甚多。《弘教藏》本较善。此记瑕瑜不一，亦有文义幼稚处，亦多精义。想其精义，或是摘录前人之作耳。

《行愿品别行疏钞》，似未经杨居士校订即付刻，故其讹误甚多。今略附录于后，以备参考。有应作小注，而刊作大字者；有应另行起而与上文连续者（第五册甚多）。讹字及句读误处颇多。按此书原系别行，疏一卷，《圭峰义记》六卷，及科文一册。自缙云移疏注经及削成略抄，而古疏科记传者抄矣。以上据宋行霆重刊古本之跋文，载于日本宁乐刊经史中。传说此疏一卷并义记六卷，有日本明德二年此土明洪武二十四年之翻刻宋古刊本，今存日本东大寺中。精神颓唐，未能详陈，仅略书此，以供参考。

明春即拟往永春等处，住址未定。仁者收到此函后，暂勿复。蒋竹庄居士，乞代致候。十年前，曾在清凉寺同听《华严经》，想尚忆记否。 谨陈不宣

再者，《华严疏钞》中之钞文，亦有前后不符，又与别行科文不同处。所谓科文即是《玄谈》古会本之前所列者，非是今新刊之全科。如金陵刊本《悬谈》卷二十一第十四页第十行“第二‘双会谓’会通‘四法’大小不同”云云（上面有“”者为依《明藏》补入之字）。案此“第

二”二字，与别行科文合。但依前钞文应作第三。此钞文金陵本删去，应在金陵本卷二十一第二页第九行下续之。乞检《明藏》可知。

除夕前二日　演音启

致陈无我

陈无我 ？～一九七〇，浙江杭州人。

法香是他皈依密宗的法号。

早年于上海《太平洋报》与李叔同共事，后任世界新闻社社长。晚年信佛，在上海主编《觉有情》杂志多年，为佛教界知名人士。

一

一九三九年一月 泉州承天寺

无我居士道席：

前复书，想已收到。泉州友人近拟尽力提倡流通《护生画集》，以消灾劫。朽人以前亦有重书写重制锌版之意。附致李居士一纸，乞仁者详阅，便中乞为转交，并希仁者与李居士共同商酌进行妥善之办法。李居士不久将隐遁。此事将来圆满成就，惟有依赖仁者之力也。尊处所立戒杀会章程，再乞寄下数十纸。又《皆大欢喜》等诸书，亦乞惠寄，至感。

泉州善友近发心归信佛法者甚多，以此诸书赠送，最为契机。

演音启

二

一九四一年旧十一月十八日 泉州百源寺

圆净、无我居士同鉴：

近获圆净居士书，具悉一一。《华严经疏科文表解》出版时，乞寄二部，至泉州承天寺交弘一收，至感。朽人前补校《玄谈》本，其中有阙略未写者，亦未及再校。因用以自习，非是预备作印行之稿本。故此书补校殊未精审，不复寄奉。朽人在泉州居住，来客访问者至多。拟自旧十二月初一日始，在此为短期之闭关。大约数月之后，或往他处也。闭关以后，通讯者，惟有夏丏尊居士一处。前与仁者等商酌画集事，尚未完成。以后仁者等关于画集事，有与朽人通讯者，乞交与夏居士转寄为祷。

夏居士，寓上海福州路开明书店

谨陈不宣

旧十一月十八日　演音启

致陈士牧

陈士牧　一八九〇～一九八〇，福建福州人，为陈宝琛族人。清末民初铁路工程师。

一九四二年夏，请求弘一法师增上授三皈，法师为其起法号曰胜牧。后于福州林阳寺出家，法名瑞照。

一九三九年旧二月五日 泉州承天寺

两奉惠书，具悉一一。承仁者及诸居士关念一切，至用感谢。未受比丘戒者，阅比丘律书可否，有数说不同。据宋元照律师说，无妨；惟僧中正式作羯磨[①]时，不可听耳。

属书横匾，纸未寄到。朽人近来衰颓日甚，亦无力能写大字。兹写奉小匾一纸，聊作纪念可也。朽人不久拟往（久已约定）永春山中，以后暂不能通信。仁者初始出家，亦宜息心念佛，不宜与各方通信，以扰乱其意志也。

邮券余者附还

二月五日　音启

---

① 羯磨：印度梵语，意译为业即行为；在戒律上多用音译，义为作法即仪式，如受羯磨、忏悔羯磨等。

致王梦惺

王梦惺　一九〇六~一九七八，名锦机，字进忠，原号梦醒。一九四〇年弘一法师为之易号曰梦惺。福建永春人。能诗善文。一九三九年时任永春县立图书馆馆长。著有《莱园文稿》，弘一法师曾为文稿题偈。

一

一九三九年旧四月十一日 永春普济寺

梦惺居士慧览：

惠书忻悉一一。尊撰序文，甚善。郑老居士前寄示律诗[①]，至用忻佩。下次印讲录时，拟以弁首。并希代为致意。入夏，雨不可止，山路崎岖，未敢远劳仁等枉临。俟秋凉后，朽人当入城，在桃源讲《金刚经大意》三日，以广结法缘也。谨复 不宣

林居士乞为致候

农历四月十一日 音启

二

一九三九年七月二十六日 永春普济寺

梦惺居士文席：

惠书诵悉。朽人老态日增，精神恍惚，未能往尊邑弘法，至用歉然。菩萨尊号，附奉上。属书警语，以精力不支，

---

① 律诗，即《寿弘一法师》。诗云：海岳仙人杖锡来，祥风一扫瘴云开。神医果有伽陀蘖，天匠能容瓠落才。率土山川瞻瑞相，诸天日月傍莲台。逮公倘许东林住，准凝渊明真醉回。

仅能书写数叶（余纸寄返可以托人题跋附于册中）。暇时书就，托人奉上。不久仍闭门静养，谢绝缘务，诵经念佛，冀早生极乐耳。承寄旅资，已无所需，附以寄返，乞改作他用。并乞代向诸居士致谢。诸希鉴谅，为祷。

谨复 不宣

七月二十六日　音启

仁者收到汇券后 乞复函挂号由开元寺转交寄下

俾免朽人悬殊 附白

三

一九三九年八月六日 永春普济寺

惠书诵悉。宜至诚专念观世音菩萨圣号，为祷。仁者阅《格言联璧》，宜先略去“学问”一门，于“存养”“持躬”“接物”诸门，每日择阅一条，不拘次第可也。

八月六日　音启

四

一九三九年八月二十六日 永春普济寺

梦悭居士澄览：

惠书忻悉一一。尊名拟用一“几”字。承询“莱园”字义，窃谓文字无有定义，随机因时，所见不同。莱衣是其一义，或可更作他解也。所录讲稿，甚善。附邮奉。标点句读时，乞参阅底稿。卧云老人所撰偓传，至用欢感。明季王、徐二君，谓偓实终舟山事，未知出于何书（书名、撰者名载在第几卷），乞便中示知，俾转告高居士。此事颇为近实。前年重修偓墓时，启视旧穴，空无所有，人颇疑之。僧传乞向卧云楼借阅频伽藏经致字帙传记部，内有《高僧传》《续高僧传》三部。宋《高僧传》《初传》出于一人手笔，文字渊懿可诵。后二种是集合编辑而成，颇不一律，尤多冗辞俗句也。世典中如《高士传》《续高士传》，亦希仁者时以披阅。朽人儿时曾见之，在某丛书中，已忘其名矣。略复 不具

八月二十六日　音启

五

一九四二年旧三月二十八日 泉州百源寺

梦惺居士文席：

居惠安一月，昨夕返泉，惠书忻悉。仁者精进向道，甚慰。八关斋戒可缓，乞先素食一年。朽人迩来衰老日甚，何时入桃源，未可预定，至用歉然。斋额写奉，空白处乞郑老居士题跋，并希代为致候。

谨复 不宣

农历三月二十八日　音启

致郑健魂

郑健魂，福建泉州人。

毕业于上海立达学园，系丰子恺之门生。

时任泉州日报社社长。

一九三九年旧十月二十五日 永春普济寺

健魂居士文席：

惠书忻悉一一。诸荷护念，感谢无尽。鼒因传贯师劝，往菲延期，遂免于难。否则囚居古浪矣。但对付敌难，舍身殉教，朽人于四年前已有决心。曾与传贯师等言及。古诗云：“莫嫌老圃秋容淡，犹有黄花晚节香。”吾人一生之中，晚节最为要紧，愿与仁等共勉之也。属书三纸，已就，附奉上。小字一幅，俟天晴时写。将来若能与丰居士通信时，当达尊意。

谨复 不宣

农历十月二十五日　音启

此小字《心经》一纸，为特别写件。乞暂秘藏，勿示他人。恐他人援例请求也。又附奉上单款写件四纸，乞随意赠送。此次所用上海宣纸，为友人所赠，殊不易得也。

附白

致杨胜南

杨胜南，原名杨贡南，福建福州人。

皈依弘一法师，法号胜南。历任福州永安等地中学教员。

一九三九年旧十月五日 永春普济寺

胜南居士慧览：

惠书诵悉，忻慰无已。前数年朽人曾编辑《佛学丛刊》一部计四册，在上海世界书局出版。仁者依此书研习，最善。次序如下：

研习时先后之次序 总目之

一至十二此皆经文 乞随己意选择读诵

胜南注①：按即《华严经净行品》《十回向品》《普贤行愿品》《法华经普门品》《金刚经》《心经》《阿弥陀经》《药师经》《地藏经》《佛遗教经》《四十二章经》《八大人觉经》

十三 依经律论等挈录，宜后阅。按即《法海观澜》

十四 解释人生问题，由浅至深。

虽未能尽解，亦应先阅。按即《原人论》

十五 略说学佛法者应发之心，宜后阅。

按即裴相《劝发菩提心文》

十六 义理深奥，宜最后阅。按即《华严念佛三昧论》

十七 以下二种皆说净土法门。按即《净土晨钟》

① 此信于 1944 年收入《晚晴山房书简》第一辑时，由受件人杨胜南附加注。

十八　先阅第六章，以后再从初阅起。按即《印光法师嘉言录》

十九　入门最佳之书。按即李圆净编《佛法导论》

二〇　虽未能尽解，亦应先阅。

佛法之源流派别略具之。按即杨仁山著《佛教初学课本》

二一　以轮掷之，极有兴味，如世俗之升官图。按即《选佛谱》

二二　古辞典。以下三种，随时阅之。按即《释氏要览》

二三　记善恶报应等事　按即《释门自镜录》

二四　古高僧事迹　按即《释门蒙求》

二五　文简净，易阅。按即《缁门崇行传》

二六　《见月律师自传》读之最有兴味。按即《一梦漫言》

二七　笔记。以下三种，皆有兴味，乞随时阅之。按即《竹窗随笔》

二八　格言　按即《菜根谭》

二九　诗偈　按即《寒山拾得诗》

三〇　诗偈　按即《阳复斋诗偈》

此书朽人处无有存者。福州诸善友处或有之。

倘觅求此书不可得，下记数种，乞先阅览。

阅时宜缓缓研味，反复寻览，不可急速。

《佛法导谕》

《印光法师文钞》及《嘉言录》

《佛教初学课本》

《竹窗随笔》及《二笔》《三笔》

菲律宾诸善友来函，约朽人往彼弘法。不久启程。

匆匆略复，不宣。拙书一纸，附奉上。

农历十月五日　音启

致林奉若

林奉若　一八七八～一九四三，又名思涎，字亮泽。福建永春人，清末岁贡生。中国天文学会会员。

晚年隐居蓬壶普济寺顶寺（寺分顶寺和下寺）。就废址营建精舍数间以自居止。

弘一法师至普济寺时林氏即以自筑精舍奉其居住。每日饮食，由下寺专送，供养备至。

一九三九年十二月二十七日 永春普济寺

奉若居士澄览：

关于食物之事略陈拙见如下，乞为转陈执务者，为感。

依律，食物亦名曰药，以其能调和四大，令获康健，俾能精进办道。但贪嗜甘美之物，律所深呵。常食昂价之品，尤为失福。故以价廉而适于卫生之物最为合宜也。

豆类，含有蛋白质，为最重要之滋养品。但亦不能多食，多食则不消化。与常人食补药者同，须以少量而每日食之，但不可一次多量，若过量者，反致增疾。

蔬菜之类，且就本寺现有者言之，菠薐菜，为菜中之王，含有铁质及四种维他命，为滋补最良之品。

白萝卜俗称菜头，亦甚能滋补。红萝卜亦然。

白菜 亦甚佳，或白色或绿色皆佳。若芥菜、雪里红，则性稍燥，不可常食。

花生 含有油质，食之有益但不可多食。

且以拙见言之，菜食一盂之中，约以蔬菜占五分之四，豆类及花生等占五分之一，乃为适宜也。

近来本寺送与朽人之菜食，其中豆类太多，蔬菜太少，未能调和，故陈拙见，以备采择。

再者，前朽人云，不愿食菜心及冬笋者，因其价昂而不食，非因齿力不足也。菜心与白菜相似，而价昂数倍。冬笋价极昂，西医谓其未含有何种之滋养质也。

又香菇亦不宜为常食品，明莲池大师曾力诫之。

煮豆类、花生及蔬菜之汤，亦不可弃，其中含有多份之滋养料。倘弃其汤，而唯食其质，犹如服中国药者，弃其药汤而唯食其药渣也。

朽人齿力尚健，以刀切蔬菜时，不妨切大块，咀嚼甚易也。

以上种种拙见，乞为执务者讲解其义，令彼了知，至用感谢。谨陈 不宣

十二月二十七日 善梦启

致丁葆青

一九四〇年

葆青居士道席：

前略[①]再有奉达者一事。寻常所寄之信札，皆须贴邮票五分，明信片则二分半。若信封剪口者，仅能内装印刷品，外贴邮票一分。若如仁者上次所寄之信，信封剪口，内装信笺，仅贴邮票三分，则与邮章不合。如是则受信之人，应被罚大洋四分。以后与他处通信，必须贴五分；若用明信片亦善，则仅二分半也。若少贴邮票而寄信者，且与盗戒有违。叨在至好，故敢奉告，以后幸注意为要。

又乡间邮务代办处之执事者，多不谙邮章，所言事不可轻信。

又依邮章，可以自己盖印于邮票上（防他人驳去），其例如下：

须用阳文图章，用红印色印之。

所印之地位，必不能超过邮票全体二分之一。此例见于邮章书内，计一厚册。彼并画一图，其式如下。此事

① 1947 年 3 月此信发表于上海《觉有情》杂志第 8 卷 13、14 期合刊，原函已截头去尾。编者曾加副标题：《寄信贴邮票者注意》并加按语称："大师对于邮票之黏贴，郑重叮咛如此，盖以有关盗戒故，其利人之心至矣！"所云"半月刊"系指《佛学半月刊》。

余曾亲向温州城内邮局员询问，彼言亦尔。但以盖用至四分之一之地位为宜，万不可多盖，恐此邮票无效也。（余今用此信封，即自盖印，乞阅之。）以后交他人寄信时，多谨慎可也。邮票宜自贴，用糊十分黏固，俾他人不致窃去。稍迟拟撰文一首，登入半月刊，详言邮章及应防范流弊之法，因同人知者甚少也。

致施至伟

施至伟 一九〇一～一九七六，福建泉州人。

时为石狮东亚照相馆经理。

大师到福林寺时，由施氏接待。

一九四一年十月一日 泉州百源寺

至伟居士：

惠书诵悉，至用欣慰。朽人于双十节后即闭关著书。以后住址虽常迁移，而闭关仍继续，见客通信皆辞谢。诸希鉴谅。不宣

十月一日　音启

致蒋维乔

蒋维乔 一八七三～一九五八，号竹庄，江苏常州人。早年在沪与蔡元培、章太炎等从事教育。曾任南京东南大学校长。学佛皈依谛闲法师。

著有《中国佛教史》《因是子静坐法》等。

一九四二年旧元旦 晋江福林寺

竹庄居士丈室：

惠书忻悉一一。辱承奖誉，惶惭何已。芳远童子十三岁时，即与朽人相识。尔后，常致讯问。颇于朽人有所规导。今岁年十九矣。工诗词，善刻印，识见尤超卓绝俗。生于富贵之家，而不沉溺晏安，犹如莲花不着水矣。尔将亲近讲座，希有以诏而教之。当来所造，宁可量耶？拙书一叶，附奉莹览。

谨复 不宣

壬午元旦　音启

致黄福海

黄福海，即茀海，别号黄柏，江苏扬州人，客寓泉州。时常亲近弘一法师，习写字方法。

一九四二年夏四月 泉州温陵养老院

芾海居士：

遗余素楮多纸，属作草稿时用之。当来集辑以遗返居士而为纪念。近将远行，无有草稿可书，乃节录印光法师嘉言十数则，以塞其责。书法极潦草，恶劣不堪，与寻常作草稿时，无以异也。居士曩所遗余素楮，似不止此。或存檀林书箧中，现在未能检寻，拟请居士以此余楮，惠施与余，不再偿还。衰老颓唐，希居士愍察，勿责备焉。

于时岁次鹑火夏四月

晚晴老人时年六十又三

居温陵小山书院

附：印光法师法语

人生事事皆可伪为，独临死之时不可伪为。况其无爱恋之情，有悦豫之色，安坐而逝。若非净业成熟，曷克臻此。礼诵持念种种修持，皆当以诚敬为主。经中所说功德，纵不能圆得，而其所得亦已难思议。若无诚敬，则与唱戏相同，苦乐悲欢皆属假装，不由中出。纵有功德，亦不过人天痴福而已。而此痴福，必倚之以造恶业，其将来之苦何有了期。

此法语录自《印光法师嘉言录》

致罗铿端 陈士牧

罗铿端一八九二～一九六八，福建福州人。著名西医，热心佛教文化事业。曾以私人财力，资助慈舟法师于福州创办法界学院，专习华岩一宗。

《放生园池记》 即《福州怡山长度寺修建放生园池记》，是弘一法师就原稿稍加润色并书写的。记末署：中华民国三十一年岁集壬午夏六月南山律苑沙门演音

一九四二年旧八月十二日 泉州承天寺

铿端、士牧居士同鉴：

惠书诵悉。兹寄上《放生园池记》四额及旧书小联二对，内题法名。倘从前已依师受归依者，即用前法名，万不可改易，今名即作为别号可耳。《放生园池记》倘加格线者，仅能加长行直格，不可用方格。因所写之字，约直则成行，约横则因字形长短不一，恒互相借假地位，则不能齐整也。所谓竖成行而横不能成行也。兹对举其格形如下（见图）。

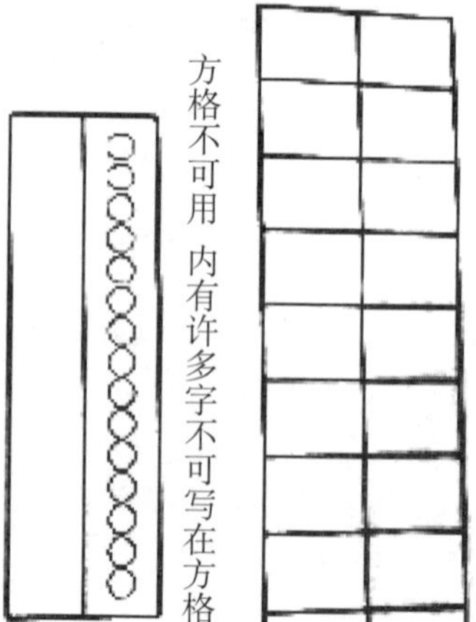

应用长行直格

朽人衰老益甚，拟于下月初三日起，仍方便掩关，凡晤客通信等事，一概辞谢。仁者收到此信及写件时，希勿惠复，恐不及披阅。诸惟鉴谅是幸，不宣。

音启　八月十二日

致沈彬翰

沈彬翰江苏苏州人。时为上海佛学书局经理。

一九四二年旧九月 泉州温陵养老院

彬翰居士文席：

前奉惠书，忻悉一一。朽人已于农历[九]月[四]日谢世。前所发愿编辑之《南山律在家备览》，未能成就，至为歉然。惟曾别辑《盗戒释相概略问答》一卷，虽简略无足观，然亦可为最后之纪念也。附邮奉上，希受收。

谨陈 不宣

音启